LA CORRESPONDANCE PASSIVE D'OSMAN HAMDI BEY

MÉMOIRES
DE
L'ACADÉMIE DES INSCRIPTIONS ET BELLES-LETTRES

NOUVELLE SÉRIE

TOME XI

LA CORRESPONDANCE PASSIVE D'OSMAN HAMDI BEY

revue et publiée

par

Henri METZGER

MEMBRE
DE
L'ACADÉMIE
DES
INSCRIPTIONS ET BELLES-LETTRES

PARIS

IMPRIMERIE BONTEMPS
LIMOGES

DIFFUSION DE BOCCARD
11, RUE DE MÉDICIS, 75006 PARIS

MCMXC

AVANT-PROPOS

Voilà quelques années j'étais invité à donner une préface au *Catalogue des sculptures byzantines du Musée d'Istanbul*, préparé par Nézih Fıratlı, lointain successeur d'Hamdi bey à la tête du musée, et mis au point, après la mort prématurée de notre collègue, par une équipe parisienne. Ce recueil que Nézih Fıratlı souhaitait voir paraître dans notre pays se présentait, pour une large part, comme une refonte des notices consacrées jadis par Gustave Mendel aux sculptures byzantines dans son *Catalogue*, beaucoup plus général, *des sculptures grecques, romaines et byzantines des Musées Impériaux ottomans*, publié entre 1911 et 1914. Mon intention était donc de rendre hommage à la fois à l'auteur du catalogue récent et à l'admirable savant qu'avait été son prédécesseur. Je cherchais en particulier à évoquer les années que Mendel avait passées à Constantinople comme collaborateur d'Hamdi bey, puis de son frère Halil. Grâce à un ami commun j'entrais en relation avec une petite fille d'Hamdi bey, Madame Cenan Sarç et lui demandais si elle ne disposait pas de quelques témoignages de première main sur les contacts qui s'étaient établis entre Mendel et son grand-père. Madame Sarç voulut bien me répondre qu'elle n'avait rien trouvé à ce sujet dans les papiers de sa famille. En revanche, m'écrivait-elle, elle avait conservé de très nombreuses lettres adressées à Hamdi bey, susceptibles de m'intéresser.

Au cours de l'automne de 1986, j'eus l'occasion de rendre visite à Madame Sarç, à Istanbul, et je découvris avec surprise et, pourquoi ne pas le dire, avec émotion plus d'une centaine de lettres portant les signatures de Mommsen, Benndorf, Heuzey, Homolle, Clermont-Ganneau, Strzygowsky, Maspero et beaucoup d'autres et de diplomates et artistes de toutes nationalités. Le dépouillement de cette correspondance me permit de répartir les lettres, toutes celles du moins qui paraissaient offrir de l'intérêt pour les lecteurs de la fin du XXe siècle que nous sommes, en quinze chapitres, selon les sujets traités, les fouilles de la nécropole de Sidon, de Tello ou de Pergame par exemple, ou selon les correspondants d'Hamdi bey, archéologues, artistes, voyageurs ou diplomates en poste à Constantinople. Il va sans dire qu'une pareille répartition comporte une part d'arbitraire, telle ou telle lettre appartenant à plusieurs rubriques. Le lecteur n'aura pas de peine à retrouver les passerelles.

La présente édition a bénéficié de multiples concours. Ma reconnaissance et celle de tous ceux qui se soucient de l'archéologie dans l'empire ottoman à la fin du XIXe siècle vont tout d'abord à Madame Sarç qui m'a libéralement offert la publication de ces lettres pieusement conservées dans sa famille depuis la mort d'Hamdi bey en 1910. A Istanbul même j'ai bénéficié du concours actif de Jean-Louis Bacqué-Grammont, directeur de l'Institut français d'études anatoliennes et d'Ehdem Eldem, pensionnaire de cet institut et arrière-neveu d'Hamdi bey. Dans la mesure où je ne trouvais pas d'indications sur les correspondants d'Hamdi bey dans les incomparables notices confiées par Salomon Reinach à la *Revue archéologique*, j'ai bénéficié en premier lieu de l'information exemplaire dont disposaient, en Allemagne, Reinhard Stupperich et, en France, Hélène Lozachmeur, Olivier Pelon et Ernest Will. Aux archives du Ministère des Affaires étrangères, tant à Paris qu'à Nantes, j'ai trouvé le meilleur accueil auprès de Jean Batbedat et de Pascal Even. De très nombreux confrères, collègues ou amis ont facilité ma tâche de multiples façons, Pierre et Michel Amandry, André Caquot, Annie Caubet, Émile Cazimajou, Thomas Drew-Bear, Paul Garelli, Jean-Claude Homolle, Cornelia Isler Kérényî, Francis Joannès, Cyril Mango, Robert Mantran, Jean Marcadé, James Mellaart, Machteld Mellink, Jean-Charles Moretti, Wolfgang Müller-Wiener, Alpay Pasinli, Jeanne Robert, Anne Roquebert, Janos Gy Szilágyi, Jean-Pierre Sodini, Robert Turcan et Michael Wörrle. A tous je dis ma très vive gratitude.

Je remercie enfin Jean Leclant d'avoir offert à cette édition l'hospitalité des Mémoires de l'Académie des Inscriptions et Belles-Lettres.

Mai 1989 — Henri METZGER.

Outre les lettres qui présentaient un caractère trop personnel, j'ai éliminé divers passages de lettres qui n'offraient pas davantage d'intérêt pour le lecteur d'aujourd'hui.

VIE D'OSMAN HAMDI BEY

Osman Hamdi bey naquit à Constantinople en 1842. Il était le fils d'Ibrahim Edhem Pacha, qui fut grand vizir et ambassadeur.

En 1857, il fut envoyé à Paris pour y faire des études de droit. Il y resta douze ans et voulut devenir peintre ; il fréquenta assidûment les ateliers de Gérôme, Boulanger et Barrias, «dont il imita, avec le dessin élégant et correct la touche un peu molle» (S. Reinach). En 1867, il est nommé commissaire ottoman à l'Exposition universelle que vint visiter le sultan Abdul Aziz. En 1869, son père le rappelle en Turquie. Il est nommé directeur des Affaires politiques du Vilayet de Bagdad, dont le gouverneur est Midhat Pacha. En 1871, il rentre à Constantinople et remplit les fonctions de directeur adjoint du «Protocole étranger» du Palais impérial. En 1873, le sultan Abdul Aziz le nomme commissaire à l'exposition universelle de Vienne. Il aide son père à préparer un ouvrage sur l'architecture ottomane. Il commence à s'occuper des faïences décoratives, sujet où il acquiert avec le temps une réelle compétence. En 1875, il devient secrétaire des affaires des étrangers au Ministère des Affaires étrangères, mais en 1876, à l'avènement du sultan Abdul Hamid, il est démis de cette charge et nommé à la Direction des publications étrangères et de la presse. En 1877, lors de la guerre russo-turque, il s'efforce de former un bataillon de volontaires, puis il est nommé directeur de la municipalité de Beyoglu, attendant le gouvernement d'un vilayet, mais, en 1878, il est nommé membre de la commission des musées de Constantinople, élection qui décidera de sa future carrière.

Vers 1852, Féthi Pacha, alors grand maître de l'artillerie, avait commencé à réunir des antiquités dans une salle et dans la cour de l'arsenal de Sainte-Irène et créé un rudiment de musée dont les premiers conservateurs furent l'anglais Gould et le Français Dethier. En 1875, sous le ministère de Soubhi Pacha, les collections furent transférées dans le Kiosque Chinois (Tchinili Kiösk). C'est là que Hamdi bey les trouva quand il fut nommé, le 4 septembre 1881, directeur des Musées Impériaux. Il eut comme premier collaborateur Salomon Reinach, ancien membre de l'École française d'Athènes, que Charles Tissot, ambassadeur de France, avait fait venir pour l'aider à préparer un ouvrage sur l'Afrique romaine. Hamdi proposa alors à Reinach de cataloguer la collection naissante. Ce catalogue parut en 1882 et initia Hamdi à l'archéologie.

Sans tarder Hamdi bey dota le musée d'une bibliothèque qui devint la plus riche de l'Orient. Et, dans le même temps, il fit construire l'École des Beaux-Arts dont il devint le premier directeur. En 1883, il fit paraître sa première publication sur le tumulus du Nemrud Dagh en Commagène. En 1884, il fait promulguer une première loi sur les antiquités interdisant dorénavant leur sortie du territoire ottoman. En 1887, il dirige les fouilles de la nécropole royale de Sidon, dont il assurera la publication, en 1892, avec le concours de Théodore Reinach. Auparavant, le 13 juin 1891, avait été inauguré le « Musée des sarcophages ».

Désormais, la vie de Hamdi se partage entre le Musée et son kiosque de Kuru Tchechme. Il entretient une correspondance très active avec la plupart des savants travaillant dans l'empire ottoman. Il devient membre de plusieurs académies et sociétés savantes et reçoit de nombreuses décorations. En 1899 et 1903, il fait construire l'annexe Nord et, entre 1904 et 1908, l'annexe Sud du musée. C'est là qu'il accueillera Gustave Mendel à qui il confiera la publication des sculptures grecques, romaines et byzantines et celle des figurines de terre cuite.

Hamdi bey meurt le 24 février 1910.

CHAPITRE PREMIER

LA DÉCOUVERTE DES SARCOPHAGES DE SIDON ET LEUR EXPOSITION AU « MUSÉE DES SARCOPHAGES »

Sur la découverte elle-même on se reportera au *Catalogue des sculptures grecques, romaines et byzantines des musées impériaux ottomans* de Gustave Mendel, tome I, 1912, p. 18 sq. : « La nécropole royale de Sidon se trouvait sur un terrain nommé Ayaâ, situé à l'Est de Saïda, près du village Helalieh qui avait déjà attiré l'attention de Renan par ses restes d'un caractère spécifiquement phénicien » (*Mission en Phénicie*, p. 398). « Le 2 mars 1887, Mehmed Chérif Effendi, propriétaire du terrain, avertissait le kaimakam de Saïda qu'il avait découvert un puits au fond duquel il pouvait y avoir des tombeaux. Sur l'ordre du gouverneur général de Syrie, Becchara bey, ingénieur du vilayet, se rendit à Saïda et rédigea, le 21 mars, le rapport qui fut transmis à Constantinople. Le 18 avril, Hamdi bey quittait la capitale avec Démosthène Baltazzi ; le 30, les fouilles commençaient, dirigées par Hamdi avec une ardeur passionnée ». Poursuivies avec une célérité que désapprouveraient les fouilleurs de notre temps, elles devaient se terminer, le 26 juin, et les sarcophages étaient embarqués sur l'Assir à destination de Constantinople.

Il semble que Hamdi bey ait prévu de reprendre les fouilles de la nécropole et des environs, mais qu'il dût renoncer à ce projet et donner tout son temps à l'installation des sarcophages dans un édifice en construction et à leur publication. Le Cabinet du *Corpus inscriptionum Semiticarum* de l'Académie des Inscriptions et Belles-Lettres conserve, entre autres documents, une lettre de Hamdi bey à Renan, datée du 17 décembre 1889 dont j'extrais les passages essentiels : « Les projets de fouille dont je vous entretenais, Monsieur, tiennent toujours et je les nourris avec un redoublement de sollicitude depuis que vous m'avez si bien encouragé par vos conseils. Seulement, je me vois obligé de remettre à l'automne prochain ou même au printemps de 1891 leur mise à exécution. Je dois jusque là porter toute mon activité d'une part sur l'installation des sarcophages et d'autre part sur la publication que je prépare ... Nous avons fait construire six grandes salles destinées à recevoir ces sarcophages. Ils sont, pour le moment, au nombre de 31 dont 20 ont été découverts par moi. La salle phénicienne où le sarcophage de Tabnit a déjà pris sa place contient déjà 9 sarcophages anthropoïdes. Les travaux d'installation ne peuvent pas marcher aussi vite qu'on le voudrait, mais aussitôt qu'ils seront terminés, je retournerai en Syrie pour reprendre mes fouilles et alors, je vous prie de le dire à Monsieur Maspero, je recevrai avec plaisir un ou deux jeunes gens qu'il jugera utile de m'envoyer pour assister à nos fouilles et même pour y prendre une part active».

Succédant aux fouilles de l'Institut archéologique allemand à Olympie (1875-1881), à celles des musées de Berlin à Pergame (1878-1888) et à celles de la Société archéologique d'Athènes sur l'Acropole, commencées en fait en 1883 et, précédant les fouilles françaises de Delphes inaugurées en 1892, les fouilles de Hamdi bey à Saïda eurent un très vif retentissement parmi les archéologues classiques et les orientalistes, et trouvèrent un large écho dans la presse internationale. De nombreuses études leur furent rapidement consacrées dans les revues savantes. Ce fut d'abord un article d'Hamdi bey en personne dans la *Revue archéologique* de 1887, I, p. 138 sq. A dater de 1889 et jusqu'en 1896 Salomon Reinach réserva chaque année une «Chronique d'Orient» aux sarcophages, que commentèrent aussi Georges Perrot et Léon Heuzey dans les *Comptes rendus de l'Académie* (1892, p. 195 sq., 1893, p. 486 et 1896, p. 183 sq.). Hors de France, Charles Waldstein leur avait consacré plusieurs études dans l'*Athenaeum* de 1887, 1888 et 1890. En Allemagne on relèvera surtout les articles d'Adolphe Furtwängler, d'Alexander Conze et de Franz Studniczka dans la *Berliner philologische Wochenschrift* de 1887, 1888, 1892 et 1893, ceux de Ernst Curtius et d'Alexander Conze dans le *Jahrbuch* de 1889 et 1892 et celui de Franz Studniczka dans le *Jahrbuch* de 1894. Comme présentation d'ensemble on retiendra bien entendu l'ouvrage de Hamdi bey et Théodore Reinach, *Une nécropole royale à Sidon, Fouilles de Hamdi bey*, Paris, Leroux, 1892 et les pages, déjà citées, du *Catalogue* de Mendel...

Les fouilles de Saïda avaient rendu au jour deux séries de monuments. Ce sont, d'un côté quatre grands sarcophages de type grec sculptés par des artistes grecs, le sarcophage «du Satrape», le sarcophage «lycien», le sarcophage «des pleureuses» et le sarcophage «d'Alexandre». Ces monuments s'échelonnent entre le dernier quart du ve siècle et le dernier quart du IVe siècle. Ils ont fait l'objet, depuis une trentaine d'années, de nouvelles études parues sous les auspices de l'Institut archéologique allemand d'Istanbul (Ilse Kleeman, *Der Satrapensarkophag aus Sidon, Istanbuler Forschungen*, 20, 1958; Waldemar von Graeve, *Der Alexandersarkophag und sein Werkstatt, Istanbuler Forschungen*, 28, 1970; Robert Fleischer, *Der Klagefrauensarkophag aus Sidon, Istanbuler Forschungen*, 34, 1983; Barbara Schmidt-Dounas, *Der lykische Sarkophag aus Sidon, Istanbuler Mitteilungen, Beiheft*, 30, 1988).

Un second groupe est fait de sarcophages anthropoïdes de type égyptien, dont le plus célèbre porte l'épitaphe de Tabnit, roi de Sidon, et de sarcophages anthropoïdes de type grec. C'est le sarcophage de Tabnit qui retint l'attention particulière de Renan, comme en témoigne un article de Philippe Berger, collaborateur de Renan et secrétaire de la commission des inscriptions sémitiques, paru dans la *Revue archéologique de 1887*, II, p. 1 sq. De cet article, nous retiendrons le passage suivant : «Mentionnons la découverte d'un sarcophage qui se place comme importance scientifique à côté de celui d'Esmunazar. Rendons hommage avant tout à la courtoisie de l'éminent directeur du musée de Constantinople qui a bien voulu nous réserver la primeur de ses belles découvertes. Voici en quels termes Hamdi bey nous a fait connaître ses libérales intentions à notre égard : «En reconnaissance pour un pays où j'ai fait mes études et où l'on m'a appris à apprécier ce qui est beau et grand, je tiens à faire hommage à l'Académie des Inscriptions et Belles-Lettres du résultat de mes travaux à Saïda avant qu'ils soient connus du reste du monde archéologique». De son côté, Clermont Ganneau s'était aussi intéressé au sarcophage de Tabnit et avait suivi attentivement les trouvailles de Saïda ; il fut le premier à signaler à Hamdi bey la découverte d'un nouveau sarcophage anthropoïde par Selim Djoumblatt, sarcophage qui fut offert aux musées impériaux (Mendel, *Catalogue*, n° 92).

La chronologie des rois de Sidon, dont font partie entre autres Esmunazar I, Tabnit et Esmunazar II, demeure fort incertaine. Certains savants les ont datés de l'époque ptolémaïque, d'autres de l'époque achéménide. Tout récemment Thomas Kelly (*BASOR*, 268, 1988, p. 39sq.), partant d'indications qu'il trouvait dans le texte d'Hérodote, VII, 69, a cru pouvoir situer le règne d'Esmunazar II avant 480 et celui de son père, Tabnit, vers 525.

Philippe Berger[1], *Paris, 4 avril 1888.*

Excellence,

Vous recevrez par courrier un petit tirage à part de l'article qui avait paru à la Revue archéologique *au mois de juillet sur le sarcophage de Tabnith. Le désir de M. Renan eût été que cet article fût tiré à part avec celui qui lui faisait suite et où vous exposiez les résultats généraux de vos fouilles. Malheureusement l'article a paru au commencement des vacances à un moment où tout le monde était absent de Paris, et on n'en a pas conservé la composition. M. Renan a appris à son vif regret, mais trop tard, qu'on vous avait envoyé le second article seul. Il a tenu néanmoins à ce que vous receviez aussi le premier de façon à ce qu'ils puissent être réunis ensemble. A cet effet nous l'avons fait composer à nouveau, et nous en avons profité pour faire droit à vos réclamations et pour supprimer les passages que vous nous avez signalés comme contenant des enseignements inexacts. Veuillez accepter ce tirage comme une marque de reconnaissance pour le service signalé que vous avez rendu à la Science, et dont vous avez tenu à faire profiter tout d'abord la Science française.*

[...] M. Renan me charge de vous transmettre l'expression de sa plus haute considération. J'y joins, Excellence, l'assurance de mes sentiments les plus respectueux.

Georges Perrot[2], *Paris, 19 mars 1890.*

Cher Monsieur,

*Je pars la semaine prochaine, pour la Grèce dont j'ai besoin de revoir les ruines et de visiter les collections avant d'entreprendre mon sixième volume de l'*Histoire de l'art *et si,*

(1) Philippe Berger (1846-1912). Né à Beaucourt (Haut-Rhin) dans une famille de pasteurs, il se destina d'abord à la carrière pastorale et fit ses débuts de théologie à Strasbourg, puis, après la guerre de 1870, à Montauban. Une thèse sur les «Ophitès» (étude critique des documents nouveaux fournis sur les Ophitès par les *Philosophoumena*), l'orienta définitivement vers l'hébreu et les civilisations sémitiques. Il fit la connaissance de Renan qui facilita sa nomination comme sous-bibliothécaire à la Bibliothèque de l'Institut. Il devint ensuite professeur à la nouvelle Faculté de théologie protestante de Paris et occupa ce poste jusqu'à sa nomination au Collège de France. Ce fut un des principaux représentants des études sémitiques en France, surtout du punique. Avant d'être élu à l'Académie des Inscriptions et Belles-Lettres et d'y remplacer Renan, il joua le rôle de secrétaire de la Commission du *Corpus inscriptionum Semiticarum* et c'est à ce titre qu'il écrivit à Hamdi bey la lettre du 4 avril 1888 à propos du sarcophage de Tabnit. Après une brève carrière politique il mourut à Paris en 1912.

(2) Georges Perrot (1832-1914). Né à Villeneuve-Saint-Georges. Candidat à l'École Normale Supérieure en 1852, il faillit en être écarté parce que protestant en même temps que Michel Bréal qui était israélite. Membre

comme je l'espère, aucun accident fâcheux ne me rappelle en France avant le moment que je me suis fixé, je voudrais revenir par Constantinople pour voir enfin votre musée et vos beaux sarcophages peints. Je désirerais naturellement vous rencontrer et vous avoir pour cicérone dans votre musée. Quels sont vos projets? Je voudrais les connaître avant d'arrêter les miens. C'est dans les premiers jours de mai, vers le 3 ou le 4, que je pourrai être à Constantinople. Vous y trouverai-je à ce moment ou devez-vous être éloigné du Bosphore par des fouilles à entreprendre et à surveiller en province? Si vous devez vous absenter, aurais-je toutes les facilités nécessaires pour voir le musée et les sarcophages?

Je vous prierais de me répondre par un mot que vous m'adresseriez dans les premiers jours d'avril à l'École française d'Athènes.

Agréez, je vous prie, cher Monsieur, l'assurance de mes sentiments dévoués.

Georges Perrot, *Athènes, 22 avril 1890.*

Cher Monsieur,

J'ai été très heureux d'apprendre que je vous trouverais à Constantinople sans vous déranger dans vos projets, aux premiers jours de mai et que je pourrais voir avec vous ces fameux sarcophages dont les photographies m'ont donné une si haute idée. C'est même la seule raison qui me décide à repasser par Constantinople, autrement je serais resté jusqu'au bout de mon congé à Athènes, où je trouve tant à voir et à étudier.

Je vous suis très reconnaissant de votre offre si gracieuse; mais je n'aurai que deux ou trois jours à donner à Constantinople, et, pour ne pas perdre une minute et revoir le plus de choses possible je tiens absolument à être installé à Péra même, à me sentir libre de tous mes mouvements. Je compte descendre à l'Hôtel français et continental sur le Petit Champ. Je compte y être le 4 ou le 5. Je vous serais obligé d'y mettre un mot à mon adresse pour me dire où je pourrais vous prévenir, le jour même de mon arrivée, afin que sans retard je puisse avoir un rendez-vous au musée et examiner avec vous vos trésors.

[...] Ce qui m'empêche de vous fixer un jour dès à présent, c'est que je passe par Hissarlik, où je compte ne rester qu'un jour, deux au plus, mais il se peut que j'aie de ce fait quelque retard imprévu.

Georges Perrot, *Paris, 20 juin 1890.*

Mon cher bey,

J'aurais dû, j'aurais voulu vous écrire plus tôt pour vous dire combien je vous avais été reconnaissant de l'accueil si aimable et si cordial que vous m'aviez fait à Constantinople et

de l'École française d'Athènes, de 1855 à 1858, il se fit remarquer par ses voyages à Thasos et en Crète. A son retour en France, il obtint des missions en Asie Mineure (Galatie et Bithynie), d'où il rapporta une abondante moisson épigraphique. Titulaire de la chaire d'archéologie à la Sorbonne il conçut le projet, avec le concours de l'architecte Charles Chipiez, d'une *Histoire de l'art antique*. Élu à l'Académie en 1894, il en devint le Secrétaire perpétuel en 1904. Directeur de la *Revue archéologique* il mourut à Paris, le 30 juin 1914.

quel souvenir je conservais de tout ce que vous m'avez montré d'intéressant, surtout de vos merveilleux sarcophages. Par malheur à mon retour, j'ai trouvé beaucoup de besogne administrative arriérée; j'ai été ressaisi tout de suite par les commissions et autres corvées officielles; enfin j'avais sur ma table une foule de lettres auxquelles il fallait répondre et d'épreuves à corriger. Ce n'est guère que depuis deux ou trois jours que je suis à peu près au courant et que je peux revenir à des choses plus agréables et au souvenir de ce voyage qui me fait un peu l'effet d'un rêve.

Tout occupé que j'ai été dès le lendemain de mon retour, je me suis mis tout de suite à faire ce qui dépendait de moi pour hâter la publication des admirables monuments que vous avez découverts, la publication à Paris, dans les meilleures conditions avec le concours d'un érudit français. J'ai dit à M. Reinach, à l'éditeur déjà désigné, M. Leroux, au Directeur des Beaux-Arts, à M. Heuzey qui s'est entremis pour obtenir la subvention nécessaire, ce que je pensais des sarcophages et combien il était désirable pour les archéologues et pour les artistes, que l'on ait le plus tôt posible de fidèles reproductions de ces sculptures. M. Leroux me dit vous avoir envoyé un projet de traité : la souscription de la Direction des Beaux Arts est promise, et, quand l'affaire sera plus avancée, je m'emploierai pour obtenir, dans une certaine mesure, le concours de la Direction des voyages et missions.

J'ai annoncé au directeur du Journal des débats, *M. Patinot, que je lui donnerais un article sur les sarcophages et sur le musée de Tchinili Kiösk*[3]*; j'ai même essayé de le rédiger la semaine dernière; j'ai été arrêté par une surprise désagréable. Après avoir relu mes notes j'ai ouvert un carton de photographies pour raviver mes souvenirs par la vue des images de ces monuments. Vous m'aviez laissé un certain nombre de photographies tirées en bleu qui donnaient au moins les bas-reliefs principaux, vous m'aviez seulement prié de ne pas les publier et de ne pas les laisser sortir de mes mains. Je m'étais conformé à vos désirs; j'avais il y a au moins deux ans montré ces épreuves à quelques connaisseurs, puis l'an dernier, absorbé par la préparation et l'achèvement de mon cinquième volume, je n'avais plus eu l'occasion d'y toucher. Quand j'ai voulu les reprendre, je n'ai plus pu mettre la main dessus. J'ai eu beau passer deux soirées à bouleverser mes cartons, à ouvrir tous mes dossiers formés pour recueillir les notes et documents qui doivent servir à la suite de l'ouvrage, je n'ai rien pu trouver. Ces photographies sont certainement chez moi. Je suis très sûr de les avoir reçues de vous et de ne les avoir remises à personne, mais où sont-elles? Je renonce à le savoir. Peut-être comme cela m'arrive quelquefois, les aurai-je posées sur un rayon de ma bibliothèque et seront-elles tombées par derrière. Il me faudrait défaire planche à planche toute ma bibliothèque, et je n'ai pas le temps.*

Ce contretemps m'a fort contrarié et énervé; il m'a forcé de surseoir au travail que j'allais commencer. Le malheur heureusement peut se réparer; j'y gagnerai peut-être d'avoir des images plus complètes où rentreront les morceaux rétablis par votre aimable collaborateur, Orkan effendi. Je suis forcé de vous prier de m'envoyer une nouvelle suite de photographies, si vous désirez, comme je le désire moi-même, que les sarcophages soient annoncés au public, ce qui ne pourra que faciliter la négociation engagée avec le ministère. Je suis fâché de vous donner cette peine et de vous laisser croire que je manque d'ordre : c'est la première fois qu'il m'arrive d'égarer ainsi un document. Inutile de vous dire que pas plus que les précédentes ces photographies ne sortiront de mes mains. Vous pourrez, quand vous les aurez si cela vous est plus commode ou, si cela vous paraît plus sûr, me les adresser par la valise de l'ambassade : il suffirait de mettre après mon nom : aux soins de M. Delaroche-Vernet, attaché au cabinet du

(3) *Journal des Débats*, 9 et 12 avril 1892.

ministre. C'est un jeune ami à moi qui me ferait tout de suite porter le paquet. [...]. La place que j'ai prise pour vous confesser ma déconvenue ne me laisse que tout juste l'espace nécessaire pour vous prier de me rappeler au souvenir de M. Cuinet et aussi à celui de toutes les personnes attachées au musée, qui ont mis tant d'obligeance à me faciliter mon travail. Pensez aux inscriptions d'Iasos[4] *: votre ami grec continue à ne les pas publier; il suffirait que vous nous donniez l'autorisation de les transcrire pour qu'un pensionnaire d'Athènes vînt se charger de la besogne.*

P.S. *Je vous serais obligé de joindre aux photographies un calque de ce plan et de cette coupe que vous m'avez montrés; cela m'aiderait à être précis. Une note sur la date et les circonstances des découvertes, n'eût-elle qu'une ou deux pages, me rendrait service et m'éviterait des recherches dans les* Comptes rendus de l'Académie *et dans les vieilles revues archéologiques; je serais prêt plus vite : je pourrais plus commodément faire ce travail à la campagne, s'il s'allonge sous ma plume je le donnerai à la* Revue des deux mondes, *au lieu des* Débats *: nous verrons.*

Charles Waldstein[5], *à bord de l'Athinai, en pleine mer, 6 avril 1890.*

Mon très cher ami,

Je tiens à vous écrire le plus tôt possible, d'abord pour vous remercier de tout mon cœur pour la bonté que vous avez eue pour moi, et puis pour vous expliquer ma conduite d'hier. Quant à votre bonté pour moi je vous affirme (sans façon de parler) que vous avez fait de moi votre ami pour toujours et que vous pouvez compter sur moi. L'avenir peut-être le mettra à l'épreuve. Mais ce n'est pas vous seul qui avez été bon, c'est votre famille entière et tout votre ménage. [...] Quant à mon départ, vous vous rappelez qu'en vous quittant l'autre matin [...] je vous disais que si je ne rentrais pas pour me coucher vous ne deviez avoir « ni inquiétude ni surprise ». Au dîner à Péra on me disait qu'il y avait du danger à retourner la nuit et ils insistaient pour que je couche là. Me rappelant vos derniers mots avant de partir de chez vous je ne voyais pas d'inconvénient à accepter leur invitation. Le premier jour j'avais donné ordre chez l'agent de Cook d'avertir notre ministre s'il y avait un bateau pour Athènes avant le lundi et hier matin il envoyait dire qu'il y avait ce bateau de la compagnie panhellénique. J'ai donc pris mon billet et puis je me suis mis en voiture pour Courou Tschechmé. Ayant pris congé de la famille, on m'offrit votre canotier pour prendre mon bagage, j'allai vous chercher au musée; vous savez le reste.

Mais nous n'avons pas parlé sur les sarcophages et je le regrette infiniment. Je veux donc vous dire tout ce que je peux maintenant et je vous enverrai des photographies d'Athènes et de

(4) Sur les blocs inscrits de Iasos, destinés à la construction des quais de Bébek et interceptés par Hamdi bey, cf. L. Robert, *Revue des études grecques*, 70, 1957, p. 361 : *Opera minora*, III, p. 1478.

(5) Charles Waldstein (1856-1936). Né à New York d'une famille originaire de Vienne, il fit ses études aux Universités de Heidelberg et de Strasbourg, où il fut l'élève de Michaelis. En 1888, il devint « lecturer » d'archéologie classique à Cambridge et concuremment directeur de l'École américaine d'Athènes, puis à partir de 1892 « professor of art ». En Grèce, son œuvre maîtresse fut la fouille de l'Héraion d'Argos; il travailla aussi à Platée et à Érétrie. Naturalisé anglais en 1898, il devint directeur du Fitzwilliam Museum de Cambridge : « It is difficult to evaluate Waldstein's services. A good administrator he was not, but a charming personality who made friends for the school he certainly was » (Louis E. Lord, *A history of the American school of classical studies*, 1947, p. 88).

Cambridge. Comme vous m'avez dit vous-même, les sarcophages sont de différentes époques et de différentes écoles. Je mettrai trois ensemble pour le moment et puis celui d'« Alexandre » séparément.

Brunn, de Munich, m'avait dit il y a de cela plusieurs années, qu'il voyait dans les bas-reliefs du monument appelé « le monument des Néréides » de Xanthos en Lycie[6]*, qui est maintenant au Musée britannique, un artiste local qui avait bien étudié les œuvres de l'art attique à Athènes, notamment la frise du Parthénon. Il me semble que celui avec le Satrape*[7] *assis, qu'on est en train de raccomoder, est de même inspiré par cet art, fait par un artiste de haut mérite, peut-être au commencement du* IVe *siècle et même possiblement vers la fin du* V^e^. *Le cheval est beaucoup comme un cheval de la partie Ouest de la frise du Parthénon, seulement plus à l'amble, plus long dans le corps, sans doute une modification de la race locale. Le style et la composition de ce sarcophage sont plus simples, moins dramatiques que les autres et me paraissent plus anciens.*

Puis il y a celui avec les femmes en Muses ou en prêtresses[8] *qui sont sans doute inspirées par les types du* IVe *siècle de l'art attique de l'école praxitélienne. A ce sarcophage on pourrait comparer les reliefs de Mantinée et aussi toutes les stèles funéraires d'Athènes dont quelques-unes remontent vers la fin du* V^e^ *siècle. Il y a une figure sur le côté étroit à droite qui ressemble beaucoup à la figure d'une des deux femmes de la stèle « Demetria Pamphilé », mais le travail est moins simple, il y a plus de sentiment, presque de la sentimentalité qui a été introduite d'après moi par Praxitèle.*

Puis vient celui aux métopes[9]*. Il montre évidemment cet appuiement à l'art attique, mais en même temps il possède déjà un caractère dramatique et de bravoure d'exécution qui a commencé avec Lysippe, l'artiste royal d'Alexandre et qui a été porté à sa hauteur dans l'art de Pergame et de Rhodes. Et les modifications que cet art attique a subi dans ce traitement sont très intéressantes. Je ne peux pour le moment me rappeler le côté gauche. Si vous voulez vous pouvez m'envoyer une petite esquisse et je pourrai recomposer le sujet.*

Pour les cavaliers de la chasse sur le côté long, le premier cavalier à gauche est une modification d'un cavalier de la frise du Parthénon. Les modifications sont très intéressantes. Il y a plus de réalisme. Le cavalier de votre sarcophage a sa jambe droite au-dessous du genou plus courbée sous le cheval comme pour bien se tenir sur son cheval à ce moment. L'anatomie du torse est plus marquée, il porte un pétase que le cavalier du Parthénon ne porte pas. [...] Tout est un peu exagéré et manque de simplicité. Les chevaux sur l'autre côté ont tous les pattes en l'air et sautent. Ils rappellent un peu le char d'Hélios trouvé à Hissarlik[10] *qu'on a déjà attribué à Lysippe. Donc ce sarcophage me paraît être intermédiaire entre l'influence de l'école attique et celle de Lysippe [...].*

Je n'ai pas bien vu les petits frontons, je me rappelle un peu l'un et je vais vous envoyer un tracé du groupe de la Villa Ludovisi. Le 10 mai, je dois faire un grand discours à l'Institut royal de Londres. Je parlerai de vos grandes découvertes. Si j'avais une photographie, je la montrerais avec mes autres illustrations mais peut-être il vaudrait mieux ne pas le faire si cela doit vous causer des embarras. Je préférerais ne pas écrire une note générale sur les sarcophages dans les journaux, mais si cela vous fait plaisir je le ferai, il faut alors m'écrire tout de suite [..].

(6) Sur les sculptures du « monument des Néréides » de Xanthos, voir à présent P. Demargne et W. A. P. Childs, *Fouilles de Xanthos*, VIII, Paris, 1989.

(7) Sur le sarcophage « du Satrape », cf. *supra*, p. 12.

(8) Sur le sarcophage « des pleureuses », cf. *supra*, p. 12.

(9) Waldstein désigne de cette expression bizarre le sarcophage « d'Alexandre », cf. *supra*, p. 12.

(10) Sur la « métope d'Hélios » au musée de Berlin, cf. W. Dörpfeld, *Troia und Ilion*, II, p. 429; J. Marcadé, *Monuments Piot*, 50, 1958, p. 42, fig. 28; B. Mills-Holden, *The metopes of the temple of Athena at Ilion* (1964), p. 6 sq.

Carl Schuchhardt[11], *Munich, 19 avril 1890.*

Excellence !

On m'a fait lire à Carlsruhe une lettre de Monsieur von Duhn qui décrit d'une manière vive et enthousiaste l'impression épatante que lui ont fait vos beaux sarcophages de Saïda. En route pour voir les excavations de M. Schliemann, pour dire bonjour à M. Humann, et pour étudier quelques semaines à Athènes, je viendrai probablement mercredi le 23 avril à Constantinople. Une telle visite à l'Orient est une chose que nous autres pauvres Allemands ne pouvons plus faire chaque an, une fois que nous avons nos postes à un musée ou à une Université. Votre Excellence comprendra donc que je n'ai pas un désir plus ardent que d'admirer vos belles trouvailles comme mes amis les ont pu admirer. Si vous ne jugez pas ma demande immodeste, je serais infiniment reconnaissant à votre Excellence si elle voulait me donner la permission de voir les sarcophages. J'espère venir à Tchinili Kiosk jeudi matin. Seulement au cas où je ne trouverais pas mon passeport qui est dirigé sur Vienne il me faudrait aller d'abord à Athènes et passer quelques semaines après à Constantinople.

José Maria von Radowitz[12], *Péra, 20 avril 1890.*

Mon cher Bey,

Ayant communiqué par le télégraphe au comité de l'exposition de Berlin votre désir d'y envoyer trois tableaux, je viens de recevoir de la part de M. de Werner, président du comité la réponse que vos tableaux sont agréés; deux y sont attendus avant le premier mai et pour le troisième un délai a été accordé jusqu'au premier juin.

Donc la question est réglée à vos souhaits et il ne reste qu'à expédier les toiles qui, j'en suis sûr, seront un ornement de notre exposition. S'il n'y a pas d'inconvénient, je voudrais profiter de votre autorisation de voir les sarcophages avant le classement des vitrines jeudi prochain à 10 ½ du matin et y amener quelques compatriotes de passage à Constantinople. Seulement je vous prie de ne pas vous déranger vous-même mais de donner simplement vos ordres à qui de droit pour que je puisse être admis en présence d'Alexandre et de Perdiccas.

(11) Carl Schuchhardt. Collaborateur de Humann et de Conze à Pergame et, à ce titre, co-signataire de plusieurs articles préliminaires et d'une partie de la publication des *Inschriften von Pergamon*. Nommé directeur, en 1888, du Kestner Museum de Hanovre, il a laissé de sa gestion des souvenirs particulièrement éloquents (cf. *Berichte über die Verwaltung des Kestners Museums von Juli 1888 bis Januar 1898* [Hanovre, 1898], *Aus Leben und Arbeit Erinnerungen von Carl Schuchhardt*, Berlin, 1944, p. 159 sq.).

(12) José-Maria von Radowitz (1839-1912). Fils d'un ami et ministre du roi Frédéric-Guillaume IV de Prusse. Attaché d'ambassade à Constantinople en 1861-62, il occupa ensuite divers postes en Chine, au Japon et en France; il fut consul général à Bucarest, puis chargé d'affaires à Constantinople et ambassadeur dans cette ville de 1882 à 1892. Disgracié, en tant que partisan de Bismark, il fut, en fin de carrière, ambassadeur à Madrid.

Maxime Collignon[13], *Paris, 27 avril 1890.*

Monsieur le Directeur,

Je vous suis infiniment reconnaissant des renseignements que vous m'avez fait l'honneur de m'envoyer à deux reprises et des photographies qui les accompagnaient. Aussitôt que M. Perrot sera revenu de son voyage en Grèce, je lui communiquerai les photographies et nous les ferons reproduire pour la Revue archéologique.

J'ai eu des nouvelles récentes de votre musée par mon beau-père, M. Gourney à qui vous en avez fait les honneurs. J'ai appris avec grand plaisir que vous préparez la publication très prochaine des beaux sarcophages de Saïda dont parlent avec enthousiasme les voyageurs qui ont été admis à les visiter. C'est une publication très attendue par tous les archéologues.

Veuillez croire, Monsieur le Directeur, que je vous suis très reconnaissant du gracieux empressement que vous avez mis à me répondre. J'ai été charmé de l'occasion qui s'offrait d'entrer en relation avec vous, et me félicite de l'avoir saisie. J'aurai sans doute encore à faire appel à votre obligeance car je prépare en ce moment un ouvrage sur la sculpture grecque.

Charles, prince de Bade-Wurttemberg[14], *Stuttgart, 8 mai 1890.*

Bien cher bey,

Je ne puis résister au désir de vous envoyer au moins d'affectueux compliments par mon ami le Chambellan Baron de Linden qui plus heureux que moi se dirige vers le Bosphore et que j'ai chargé d'apporter mes plus vifs souvenirs vers les musées du Sérail, à ses trésors admirés, à son aimable Directeur surtout. Il verra le sarcophage !! Je le suppose enfin visible, car le hasard m'a précisément aujourd'hui fait voir la lettre d'un savant professeur allemand[15] *qui déborde d'enthousiasme pour le tigre et ses chasseurs. Je suis rempli du ferme espoir que le Baron de Linden me rapportera enfin les photographies si longuement désirées de ces sarcophages et de la tête dont un hasard béni me fit voir la découverte. Car c'est moi, vous le savez bien n'est-ce pas qui, extasié d'admiration, communiquai mon extase à M. Baltazzi et le décidai à s'emparer de ce trésor praxitélien. A part moi, dans mes rêves, je nomme tout bas cette tête l'Apollon Wurttemberg. Mais, trêve d'enfantillages, s'il vous est désagréable de divulguer ces photographies, je vous promets de les cacher au plus profond de mon sanctuaire hellénique où trône et règne la belle petite tête de femme que je reçus de l'illustre Prince Carathéodori Pacha, le jour où, le premier de tous, je crois, à la vue des photographies du sarcophage, je l'assurai de mon intime conviction d'être en présence d'une émanation de mon*

(13) Maxime Collignon (1849-1917). Membre de l'École française d'Athènes, sous la direction d'Albert Dumont, de 1873 à 1877. Il fut professeur à Bordeaux puis à Paris. Auteur d'une *Histoire de la sculpture grecque* et du *Catalogue des vases peints du musée national d'Athènes* en collaboration avec Louis Couve. Élu à l'Académie des Inscriptions et Belles-Lettres en 1894.

(14) Il s'agit vraisemblablement du fils posthume du Grand-duc Léopold de Bade (d'où le titre de prince), né le 9 mars 1832, et mort le 3 décembre 1908.

(15) D'après la lettre suivante, on devine qu'il s'agit de Joseph Durm (1837-1919) qui fut l'auteur d'un manuel, demeuré classique, d'architecture grecque (*Die Baukunst der Griechen*, 1881). Ce traité lui valut une longue et amicale controverse avec Dörpfeld.

cher favori Lysippe ... Mais il me faut vous quitter et le cœur bien gros car c'est tout Istanbul et ses merveilles que je laisse avec vous là-bas. Excusez ce terrible griffonage mais le départ précipité du Baron a pressé ma plume.

Veuillez conserver un petit mais bon souvenir dans votre yali charmant comme dans le sanctuaire de vos statues à votre bien sincère admirateur et affectionné ami.

Friedrich von Duhn[16], *Heidelberg, 2 novembre 1890.*

Très honoré Monsieur,

C'est de longtemps, que j'aurai bien eu le devoir de diriger à V.E. une lettre formelle de remerciement pour tout ce que vous avez eu la bonté de faire en ma faveur le jour quand j'eus la fortune inappréciable de faire la connaissance de votre famille et votre maison, et de pouvoir observer et admirer les sarcophages de Saïda.

C'était alors que V.E., si je ne me trompe pas, m'avez communiqué votre projet de faire publier pendant l'automne de l'année courante les sarcophages par des planches coloriées qu'on irait préparer à Paris. Permettez-moi maintenant la demande s'il y aura possibilité d'avoir cette publication à la fin de l'année, ou bien des photographies en vente, lesquelles donneraient une idée suffisante de ces merveilles d'art. Je prends la liberté de diriger cette question à V.E. même pour deux raisons. Depuis que j'avais le désir très vif en conséquence des conversations que nous avons eues moi-même et M. Durm[17] avec notre souverain, le Grand Duc de Bade et la Grande Duchesse de pouvoir montrer aussitôt que possible à leurs A.R. des reproductions des sarcophages, d'autant plus que la fille du Grand Duc, la Princesse Royale de Suède qui avec son mari s'est rendue au Caire cet hiver, s'intéresse très vivement elle aussi à votre découverte et prévoit de rentrer par la voie de Constantinople.

Pour moi-même j'ai encore un intérêt tout personnel de m'informer sur le temps de la publication parce que je suis prié de faire une conférence publique au mois de janvier sur la découverte en question. J'aurai donc besoin de reproductions pour donner du fond à mes paroles.

William H. White[18], *Péra, 30 janvier 1891.*

Chère Excellence,

J'ai à vous remercier de votre offre dont Lady White m'a fait part de nous montrer le sarcophage d'Alexandre le Grand. Ce sera un plaisir pour moi de le voir, et je viens vous

(16) Friedrich von Duhn (1851-1930). Professeur d'archéologie classique à Bonn et à Heidelberg. Ce fut un très bon connaisseur de l'ancienne Italie. Auteur d'ouvrages sur les sculptures antiques de Rome et sur les temples grecs de Pompéi.

(17) Voir *supra* la note 15.

(18) William H. White, secrétaire du Royal Institute of British architects, cf. *infra*, chap. 14, p. 92.

demander si cela vous conviendrait de fixer mardi pour notre visite à l'heure qui vous conviendra le mieux au lieu de lundi qui n'est pas un jour libre pour moi [...]. Je vous prie de vouloir bien m'envoyer un mot de réponse pour dire si mardi vous convient et j'espère que V.E. n'aura pas d'objection à ce que nous ayons quelques amis avec nous.

Henri Wallon[19], *Paris, 9 mai 1892.*

Le Secrétaire perpétuel de l'Académie à S.E. Hamdy Bey, Directeur du Musée Impérial de Constantinople,

Excellence,

L'Académie a reçu la première livraison du grand ouvrage que vous publiez avec la collaboration de M. Théodore Reinach et qui est intitulé : Une nécropole royale à Sidon.

Notre confrère M. Heuzey a présenté avec les plus grands éloges votre ouvrage et je ne saurais mieux faire que de transcrire ici les conclusions de son rapport : « c'est assurément, dit-il, un honneur et un avantage scientifique pour notre pays qu'une publication de cette importance paraisse dans notre langue, avec la collaboration dévouée d'un archéologue français et avec tout le développement d'art que pouvait y apporter la librairie parisienne »[20].

L'Académie a ordonné le dépôt de votre magnifique publication à la bibliothèque de l'Institut, et elle me charge de vous transmettre ses remerciements.

Veuillez, Excellence, agréer l'assurance de ma haute considération.

Ernest Leroux, Éditeur, rue Bonaparte 28, Paris, 2 septembre 1892.

Excellence,

Je vous remercie une fois de plus de votre grande bienveillance à mon égard et de l'aimable lettre que vous m'adressez en m'envoyant les insignes et le diplôme du Medjidié[21].

Veuillez croire à mes sincères sentiments de reconnaissance et à ma ferme volonté de vulgariser de plus en plus dans l'Europe occidentale les arts et les littératures de l'Orient.

La nécropole de Sidon est maintenant en bonne voie. J'espère que vous avez déjà en vue quelqu'autre belle publication. Toutes les merveilles que vous réunissez dans le Musée Impérial pourraient faire le sujet d'une œuvre indéfinie sous ce titre : « Le Musée Impérial à Constantinople », dont chaque livraison serait consacrée à un ou plusieurs monuments, suivant leur importance. Ce serait une œuvre capitale, à laquelle s'intéresseraient les artistes, les archéologues et les curieux de tous pays, les Bibliothèques et les musées et à laquelle je serais fier et heureux d'être associé pour ma modeste part.

(19) Henri Wallon (1812-1904). Agrégé d'histoire, il fut appelé par Michelet à le suppléer à l'École Normale puis à la Sorbonne, où il occupa la chaire d'histoire moderne. Entré à l'Académie en 1850 il écrivit divers ouvrages historiques. Élu à l'Assemblée de Bordeaux en 1871 il fut, en 1875, l'auteur du célèbre article additionnel qui reconnaissait l'existence du régime républicain en France. Il exerça pendant trente ans, à partir de 1873, les fonctions de Secrétaire perpétuel de l'Académie.

(20) Cf. *CRAI*, 1892, p. 195 à 198.

(21) Décoration instituée par le sultan Abdul Medjid.

Richard Schöne[22], *Berlin, 4 février 1895.*

Excellence,

A mon retour d'une absence prolongée de Berlin, à la fin de l'année passée, je trouvai sur ma table une belle collection de photographies d'après vos magnifiques sarcophages de Saïda. Je soupçonnai que je devais à votre excellence ce don gracieux qui continue à me procurer le plus grand plaisir chaque fois que je trouve un peu de loisir pour m'occuper de ces monuments. Mais je n'osai pas me les approprier et je m'adressai à notre ami commun M. Humann[22bis] *pour savoir si j'avais deviné juste. Aujourd'hui par une lettre de sa main j'ai reçu l'assurance que je ne me suis pas trompé et je me hâte à remercier de cœur votre Excellence de sa bonté : vos belles photographies sont pour moi un trésor d'autant plus précieux qu'elles me rappellent l'amitié dont votre Excellence m'honore. En même temps elles avivent l'espoir que je caresse depuis longtemps de venir encore une fois à Constantinople pour admirer les originaux de ces photographies et tous les trésors que vous avez réunis dans votre Musée. Malheureusement, il est très difficile pour moi à réaliser de pareils projets ; mais qui saurait renoncer à ses vœux les plus chers ?*

Franz Studniczka[23], *Fribourg en Brisgau, 8 mars 1893.*

Excellence,

En vous remerciant de l'aimable lettre dont vous m'avez honoré en réponse à ma réclamation au sujet du moulage du bronze de Tarse[24]*, j'ose vous occuper d'un autre désir qui, je l'espère, ne vous sera pas trop désagréable. Vivement touché de l'admirable beauté de ces chefs-d'œuvre de l'art antique dont le monde scientifique et artistique vous est redevable, je me trouvais justement, l'été passé, vis-à-vis de la demande d'annoncer un discours sur quelque sujet d'archéologie pour le grand Congrès des philologues de l'Allemagne et de l'Autriche qui aura lieu à Vienne la Pentecôte de l'année suivante. Je n'hésitai point à me décider pour les sarcophages de Sidon, pour diriger l'attention de cette assemblée littéraire sur ces nouveaux miracles du monde et aussi pour rendre un hommage public aux mérites de l'homme qui a fait cette grande conquête scientifique. J'espérais alors que votre belle édition des sarcophages, qui avait déjà commencé à paraître serait achevée jusqu'à ce temps-là. Me voilà donc bien embarrassé de me voir dépourvu justement des planches principales qui représenteront le sarcophage d'Alexandre avec ses superbes couleurs, l'instant même où je dois presque finir les préparatifs de mon discours devant une assemblée à laquelle les mots seuls ne pourront jamais*

(22) Richard Schöne (1840-1922), directeur général des Musées royaux de Berlin de 1880 à 1906.

(22bis) Cf. *infra*, p. 35.

(23) Franz Studniczka (1860-1929). Né à Jasbo en Galicie, il fut membre de l'Institut archéologique allemand d'Athènes, puis en 1881 conservateur-adjoint du Cabinet numismatique de Vienne, en 1893 professeur à Fribourg-en-Brisgau et, en 1896, à Leipzig. En 1919, il dirigea et réorganisa l'Institut archéologique allemand d'Athènes. Il laissa une œuvre considérable portant sur la sculpture grecque et l'iconographie.

(24) Cf. P. Devambez, *Grands bronzes du Musée de Stamboul*, p. 51 sq., pl. XII.

procurer une impression digne de l'objet. Je vous serais donc très reconnaissant si vous vouliez bien mettre à ma disposition sitôt que possible des épreuves tirées — s'il y en a déjà — des planches pas encore parues. Je ne manquerai pas, ça se comprend, de notifier au Congrès à qui il doit le plaisir d'avoir sous les yeux des représentations satisfaisantes de ce chef-d'œuvre.

A.J. de Nelidow[25], *Ambassade de Russie, Büyük-déré, sans date.*

Mon cher Hamdy bey,

Je viens de nouveau vous déranger pour vous demander s'il y a la possibilité de faire voir à quelques compatriotes très distingués les merveilles de votre nouveau musée. C'est une princesse Stcherbatoff avec sa fille, dont la sœur (Comtesse Ouvaroff[26]) est présidente de la Société archéologique de Moscou, et leur nièce Melle Helbig, fille de l'archéologue connu de Rome, qui était directeur de l'Institut archéologique allemand[27]. Vous voyez donc que ce sont des personnes qui touchent de près à l'art antique et ce qui en reste de beau. Je ne parle pas de ma femme qui est si désireuse de revoir les beaux sarcophages.

Pourriez-vous, sans trop vous déranger, nous autoriser à les visiter à la fin de cette semaine, samedi de préférence entre 10 et 11 heures du matin?

(25) A.J. de Nelidow, ambassadeur de Russie à Constantinople, puis à Rome. La collection Nelidow, formée en Grèce et dans l'empire ottoman, a été publiée à Rome par Ludwig Pollak, *Klassiche antike Goldschmiedarbeiten im Besitz seiner Excellenz A.J. von Nelidow*, Leipzig, 1903.

(26) La comtesse Praskov'ia Sergeevna Ouvarova (1840-1924), née princesse Sçerbatova, a continué l'œuvre de son mari, le comte Alexei Sergeevitch Ouvarof (1818-1884). Présidente de la Société archéologique de Moscou, elle avait travaillé un peu partout en Russie, s'occupant des rives de la Mer Noire, de l'Âge du bronze, etc.

(27) Wolfgang Helbig (1839-1915) occupa avec un lustre particulier le poste de directeur de l'Institut archéologique allemand de Rome.

CHAPITRE 2

FOUILLES DE TELLO ET VASE D'ENTÉMÉNA[1]

Le site de Tello se trouve à mi-distance du Tigre et de l'Euphrate et à six kilomètres à l'Est du Schatt-el-Haf. E. de Sarzec, vice-consul de France à Bassora, avait entendu parler de statues de diorite portant des inscriptions dont Oppert[1] avait signalé l'importance. Il ouvrit un chantier, le 5 mars 1877, et fit une première campagne jusqu'au 11 juin et une seconde campagne du 18 février au 4 juin 1878. Ces campagnes lui livrèrent un butin très riche mais imprécis. De Sarzec rentra en France, en congé, en juillet 78. Il vit son ministre qui était alors Waddington, numismate de renom. Waddington l'envoya à Heuzey[3], conservateur des Antiquités au Musée du Louvre. Heuzey comprit d'emblée l'importance des découvertes et demanda au consul de reprendre ses recherches, mais avec la plus grande discrétion. Entre temps, en effet, l'antiquaire Rassam avait séjourné à Tello en février-mars 79. De Sarzec revint à son poste via Constantinople, avec une concession de fouille accordée par le sultan. Une troisième campagne s'ouvrit le 21 janvier 1880, une quatrième le 12 novembre 1880, qui dura jusqu'au 15 mai 1881.

«La découverte de de Sarzec fut annoncée officiellement à l'Académie, le 29 juillet 1881, et une notice concernant les monuments rapportés au Louvre fut présentée à la Séance solennelle de l'Institut, le deux décembre 1881». La chambre des députés vota un crédit de 130000 francs pour l'acquisition par le Louvre des antiquités rapportées par de Sarzec. Le département des Antiquités comprit désormais une section d'antiquités

(1) Cf. A. Parrot, *Archéologie mésopotamienne*, Paris, 1946, p. 130sq.

(2) Sur Jules Oppert, cf. *infra*, chap. 9, p. 56.

(3) Léon Heuzey (1831-1922). Membre de l'Académie des Inscriptions et Belles-Lettres. Né à Rouen. Membre de l'École française d'Athènes de 1854 à 1857, années durant lesquelles il fit des campagnes mémorables sur le Mont Olympe et en Acarnanie. De retour en France il reçut une mission pour effectuer un voyage en Macédoine et fut chargé par Napoléon III d'étudier sur le terrain la bataille de Pharsale. Heuzey fit quelques fouilles dans les tombeaux de Pydnai, de Palatitza et de la «ville royale» de Pharsale, où l'on découvrit le célèbre relief rapporté au Louvre. En 1870 il est nommé conservateur adjoint au département des antiquités gréco-romaines du Louvre et se trouve chargé de protéger les collections pendant le siège et la Commune. Il se découvre par la suite une nouvelle vocation d'archéologue de l'Orient; nommé à la tête du département des antiquités orientales, il entretint une collaboration étroite avec de Sarzec et ce fut lui qui trouva un successeur à de Sarzec en la personne du capitaine Cros.

orientales (décret du 20 août 1881), dont Heuzey devint le titulaire. En 1883, de Sarzec est nommé consul à Bagdad et il est, en outre, chargé de missions scientifiques. Les travaux ne reprirent cependant qu'en 1888, car un nouveau règlement turc des Antiquités, comprenant des clauses restrictives était intervenu. Des négociations s'engagèrent auxquelles Hamdi bey prit une part prépondérante. Les cinquième et sixième campagnes eurent lieu en 1888 et 1890 et livrèrent entre autres plusieurs fragments de la stèle des Vautours et le vase d'argent d'Entéména. Là-dessus de Sarzec fut nommé à Batavia et, en son absence, le site fut pillé systématiquement par les clandestins. En 1893, de Sarzec revint comme Consul général à Bagdad et rouvrit le chantier pour trois nouvelles campagnes jusqu'en 1896 : ce fut la mise au jour du tell V qui livra plus de trente mille tablettes, mais de Sarzec se heurta de plus en plus à l'hostilité des clandestins qui voulaient monnayer leurs trouvailles. Les fouilles furent de nouveau interrompues de 1896 à 1898. De Sarzec, malade, dut demander un congé. Pendant son absence, Paul Cambon, ambassadeur de France à Constantinople, négociait l'offre à la France de quelques pièces obtenues au cours des fouilles régulières de la seconde période. Le sultan Abdul Hamid accorda la masse d'armes de Messlim, les bas-reliefs généalogiques d'Ur, les nombreux fragments de la stèle des Vautours et surtout le vase d'Entéména. En mai 1896, Heuzey et Thureau-Dangin, qui venaient d'être chargés de la lecture des textes, allèrent en mission à Constantinople. De Sarzec mourut le 31 mai 1900 et le chantier fut provisoirement fermé.

E. de Sarzec, Sarzec, 6 décembre 1888.

Mon cher Hamdy bey,

Contrairement à la promesse que j'avais cru pouvoir vous faire en quittant Bassora, des événements imprévus absolument indépendants de ma volonté, m'ayant retenu à Sarzec beaucoup plus longtemps que je ne le pensais et il m'a été impossible de vous écrire plus tôt.

J'arrive de Paris et ne veux pas rester plus longtemps sans me rappeler à votre affectueux souvenir et vous faire part des excellentes dispositions dans lesquelles j'ai trouvé tous ceux à qui j'ai parlé de vous. S'il était possible d'improviser une place de « correspondant » [...] ce serait déjà chose faite. Prenez bonne note de ceci, mon cher bey, c'est que tout le monde à l'Institut connaît et apprécie votre haute intelligence et votre valeur scientifique et que nul n'ignore et votre affection pour la France et les services que vous avez déjà rendus à la science. Soyez bien convaincu mon cher Hamdy que je me fais un véritable plaisir de vous en renouveler l'assurance. Je viens de recevoir du ministre l'ordre de me rendre à Tello afin d'y reprendre mes travaux interrompus l'an dernier par les chaleurs. Je compte m'embarquer le 14 courant à Marseille. Je vous serais en conséquence reconnaissant de vouloir bien donner l'ordre au Commissaire du Musée Impérial de faire ses préparatifs de départ. L'ambassade que je préviendrai télégraphiquement le jour de mon embarquement vous avisera de la date précise de mon départ.

Je compte, en rentrant en France, passer cette fois par Constantinople. Je me fais un véritable plaisir à l'idée de vous y revoir et de causer avec vous.

Léon Heuzey[4], *Paris, 14 avril 1893.*

Monsieur le Directeur,

J'ai eu l'honneur de recevoir la lettre officielle par laquelle votre Excellence veut bien répondre favorablement à ma demande et m'autoriser à conserver jusqu'au mois de juillet le vase d'argent découvert à Tello par M. de Sarzec[5] *pour continuer à en dégager les gravures à la pointe et en faire la publication. Je vous suis très reconnaissant de cette prolongation, qui m'est si libéralement accordée, dans l'intérêt de la science. Elle me permet de poursuivre dans de bonnes conditions un travail de patience très long et très difficile. Nous pourrons ainsi donner de ce monument de la haute antiquité chaldéenne une reproduction plus complète et tout à fait digne des deux pays, qui en auront tous les deux le mérite.*

Léon Heuzey, Paris, 20 mars 1894.

Monsieur le Directeur,

La nouvelle autorisation de votre Excellence nous permettant de conserver jusqu'au mois de mars le vase d'argent de Tello, pour en continuer le nettoyage et l'étude, je m'apprêtais à vous écrire dans les derniers jours du mois, afin de vous faire connaître l'état du travail.

Suivant le plan arrêté avec vous, je me suis efforcé de dégager la moitié de la surface occupée par les figures que j'y ai retrouvées. C'est une opération tellement délicate que je n'ai pu la confier à personne et que je me suis astreint à user moi-même, avec des outils très fins, à

(4) Voir la note précédente.

(5) Une lettre de Heuzey, datée de Péra du 28 mars 1893 et adressée au Ministère de l'Instruction publique(?), est conservée dans les Archives du Ministère des Affaires étrangères à Nantes. Cette lettre nous indique les bases de l'accord passé entre le Louvre et les Musées impériaux au sujet du traitement du vase d'Enteména. J'en transcris les passages essentiels : « Au nombre des antiquités découvertes par la Mission française de M. de Sarzec dans les fouilles de Tello en 1888 se trouve un vase d'argent qui a été rapporté au Musée Impérial avec les autres objets provenant de la même découverte. Des traces certaines prouvent que ce vase est décoré de plusieurs figures gravées à la pointe, représentant divers animaux, aigles, lions, taureaux, génisses qui forment des groupes et des compositions symboliques. Mais ces figures sont devenues à peu près invisibles sous la couche d'oxyde très tenace, que les siècles ont produite sur le métal.

Il y aurait cependant un grand intérêt pour la science et pour l'histoire de l'art à faire reparaître ces représentations antiques, de manière à permettre de les étudier et de les photographier. Leur absence constituerait une lacune grave et tout à fait regrettable dans le grand ouvrage des *Découvertes en Chaldée* dont la publication fait également honneur à la France et à la Turquie.

Dans ces conditions, le gouvernement français, s'adressant à la libéralité du gouvernement ottoman ; demande que ce vase soit confié, à titre de prêt temporaire au Musée du Louvre à Paris. M. Heuzey, membre de l'Institut, conservateur des antiquités orientales, sera chargé de faire examiner par les praticiens et par les spécialistes les plus compétents dans quelles conditions la couche d'oxyde qui recouvre les gravures pourrait être enlevée sans inconvénient ; auquel cas M. Heuzey ferait procéder, sous sa surveillance personnelle à cette opération délicate.

Un délai sera accordé au Musée du Louvre pour étudier les gravures tracées sur le vase et pour en prendre des reproductions. A l'expiration de ce délai, le Musée du Louvre renverra le vase au Musée impérial de Constantinople avec toutes les précautions désirables [...].

force d'application et de temps, la croûte pierreuse extraordinairement dure que les siècles ont formée sur le métal. Vous avez apprécié vous-même en artiste les premiers résultats obtenus et reconnu tout l'intérêt d'art et de science que mon travail ajoutait, pour le Musée même de Constantinople, au monument qui lui appartient. Aujourd'hui le travail est très avancé mais il n'est pas complètement terminé. J'ai rencontré sur quelques points plusieurs grandes taches beaucoup plus résistantes, qui cachent encore ici une tête, là quelques parties des figures. Dans cet état le vase n'est pas présentable; il ne peut pas être utilement photographié et décalqué comme cela est nécessaire pour la publication. Deux mois me sont indispensables pour mener l'opération à bonne fin et, en calculant le temps nécessaire pour les calques et la photographie, je me vois forcé de vous demander un nouveau sursis jusqu'au mois de juillet. Je dois ajouter que les mois d'hiver ont été en grande partie perdus pour ce travail à la loupe auquel je ne pouvais vraiment pas sacrifier mes yeux. C'est surtout depuis un mois que j'ai pu le reprendre avec toute l'activité désirable. En m'accordant spontanément un premier délai, votre Excellence avait déjà reconnu avec sa libéralité ordinaire, qu'un conservateur du Louvre, un membre de l'Institut, qui, par dévouement à la science, consacre son temps à une pareille tâche, mérite qu'il lui soit accordé de la confiance et quelque latitude. J'ai la ferme conviction que vous ne me refuserez pas les quelques semaines nécessaires pour que les résultats de tant d'heures de patience et de minutieuse application ne soient point perdues pour nous.

Je suis moi-même d'autant plus pressé d'aboutir que je me suis engagé vis-à-vis de l'Académie des Inscriptions et Belles-Lettres à publier le vase dans la deuxième livraison de son nouveau grand recueil archéologique[6]*; or cette livraison doit paraître vers le mois de juillet. Cela produirait le plus mauvais effet si, faute de quelques semaines, je ne pouvais lui livrer que des dessins incomplets et des photographies défigurées par des lacunes ! En fait, le Musée de Constantinople est intéressé au moins autant que nous à ce que le travail s'achève dans les meilleures conditions possibles. Aussi, m'adressant en même temps au directeur et à l'artiste ai-je l'assurance que mes raisons seront comprises et que ma demande trouvera auprès de vous un bienveillant accueil.*

Léon Heuzey, Paris, 14 avril 1894.

Mon cher ami,

Je ne veux pas vous adresser ces remerciements officiels sans y joindre l'expression affectueuse de toute ma reconnaissance pour cette nouvelle marque de votre sympathie et de l'intérêt personnel que vous portez à mon travail. Vous ne pouvez vous figurer combien celui-ci est difficultueux et demande à ne pas être brusqué. Telle partie qui résiste à tous les efforts, quand on a l'œil et la main fatigués, finit souvent par céder pour peu que l'on patiente et qu'on la reprenne le lendemain ou le surlendemain avec l'attention reposée. Il faut ronger lentement comme le rat de la fable :

Patience et longueur de temps
Font plus que force et que rage

(6) Cf. *Monuments Piot*, II, 1895, p. 6 sq.

A ce propos je tiens à vous dire que vous feriez bien d'écrire à notre Secrétaire perpétuel M. Wallon pour lui demander, dans l'intérêt de votre bibliothèque du Musée, une inscription sur la liste de ceux qui reçoivent le nouveau recueil de l'Académie, intitulé Fondation Piot, Monuments et Mémoires publiés par l'Académie des Inscriptions, dont la première livraison vient de paraître. C'est un beau recueil à planches qui vous intéressera et où vous pourrez aussi, je l'espère, nous donner de temps en temps un article (qui peut être une description très courte) avec la matière d'une belle planche de quelque monument d'art inédit et découvert dans vos fouilles. Le nombre des livraisons réservées est assez restreint et l'Académie ne peut pas prendre l'initiative de l'envoyer à tous les membres et associés dont beaucoup ne sont pas archéologues. Mille remerciements pour les bonnes nouvelles que vous me donnez de nouveau de nos fouilles; elles me sont confirmées par Sarzec. J'attends avec bien de l'impatience l'arrivée à Constantinople des précédents résultats; car j'ai toujours un peu peur de ces transbordements et de ces longues navigations. Vous êtes bien aimable de me confirmer votre bonne promesse pour l'envoi des deux pièces dont j'ai besoin [...].

Léon Heuzey, *Paris, 1er juillet 1894.*

Mon cher ami,

Je tiens à faire suivre mon remerciement officiel d'un mot à votre adresse qui vous porte l'expression du vif plaisir que m'a causé cette décoration de l'Osmanié[7] *me venant par vous. Il m'est particulièrement agréable de voir reconnaître, en Turquie même, les études que j'ai consacrées à votre splendide pays, depuis le temps du* Mont Olympe *et de la mission en Macédoine. C'est une très belle surprise que vous m'avez faite, et j'y ai reconnu toute votre bonne amitié [...]. M. de Sarzec a dû quitter Bassora vers le premier juin, je n'attends pas son arrivée avant la seconde quinzaine de juillet. D'après ses dépêches la dernière trouvaille de tablettes a été considérable et c'est un stock énorme de ces monuments que vous allez recevoir. Je lui ai recommandé d'en faire l'emballage avec le plus grand soin et j'espère que les caisses vous arriveront en bon état sans avoir été visitées en route. A ce propos, je vous avoue mon cher que je commence à être inquiet des objets de l'année dernière (lance de bronze, tablettes, etc.) qui, après un an révolu ne sont pas encore parvenus entre vos mains! Il serait désastreux pour nos découvertes, comme pour la science elle-même, que des objets aussi intéressants fussent égarés ou du moins retenus loin de votre contrôle et exposés à être vus par d'autres avant nous. Votre amitié ne peut pas me rendre de plus grands services personnels que de maintenir intacte, comme vous l'avez si bien fait jusqu'ici, mon action scientifique sur les résultats de ces découvertes. Pour vous donner un exemple de ce qui peut se passer là-bas, notre Consul à Bagdad*[8] *dont vous connaissez les dispositions, a télégraphié ici à son ministre que «les indigènes avaient continué la fouille après le départ de Sarzec et qu'ils avaient trouvé des objets intéressants» qui ont, il faut le croire, été apportés à Bagdad. Je ne comprends pas exactement l'intention qui a pu motiver cette dépêche; mais j'ai tenu à vous signaler le fait. Je vous en prie instamment, dès que les caisses de l'an dernier seront arrivées, veuillez m'en prévenir et me mettre à même comme vous me l'avez si spontanément offert d'étudier de plus*

(7) Décoration instituée par le sultan Abdul Aziz (1861-1876).
(8) Sur Pognon, consul de France à Bagdad, cf. *infra*, chap. 11.

près les objets qu'elles contiennent. Par quelle tragédie[9] *nous venons de passer ici ! Quelle sottise colossale et sanglante ! Pour m'arracher à ces tristes impressions et aussi à l'ennui d'être souffrant, je me reporte souvent d'un an en arrière et je revois une maison baignée par le Bosphore où nous avons, moi et les miens, passé de charmantes heures.*

Au moment où je ferme cette lettre un télégramme m'annonce l'arrivée imminente de Sarzec ; il a pu trouver un paquebot le conduisant directement à Marseille.

Léon Heuzy, Auteuil, 19 novembre 1894.

Mon cher ami,

Votre seconde lettre m'est parvenue au moment où j'allais répondre à la première. Absent de Paris à l'époque où a eu lieu la communication faite à l'Académie, j'ai été outré comme vous de cette inconcevable sortie, introduite dans nos Comptes rendus[10]. *Je vous avais bien mis en garde contre les manières d'agir du personnage*[11] *et contre sa prétention à paraître diriger toutes sortes de choses où il n'a que faire. Voilà quinze ans que je le tiens à distance, sachant que malgré ses façons mielleuses, il n'a jamais cessé de travailler en dessous contre moi, contre Sarzec et contre quiconque fait quelque chose de sérieux. Du reste vous ne devez pas vous émouvoir outre mesure : son autorité est des plus minces. Il n'a en somme d'autre mandat que celui qu'il se donne à lui-même.*

D'un autre côté, mon cher ami, la mission[12] *qu'il prétend protéger, m'est absolument étrangère, à moi, au Musée du Louvre, à la direction des Beaux-Arts. C'est vous qui m'en avez parlé le premier à Constantinople et je me suis réjoui très sincèrement de la faveur que vous lui accordiez comme de tout ce qui arrive d'heureux à une œuvre française ; mais nous n'avons aucune responsabilité dans la direction qui a pu lui être imprimée. Je ne connais ce couple de voyageurs pas même de vue et, s'il a obtenu quelques résultats, on s'est bien gardé de me les communiquer. La chose a été plutôt conçue, je le crains, dans un esprit d'opposition ou tout au moins de concurrence envers nous.*

C'est pour vous, mon cher ami, une raison nouvelle de bien connaître vos vrais alliés, ceux qui n'ont jamais répondu à vos bons procédés que par des actes de sérieuse et loyale amitié. Vous savez que notre système est d'agir aussi directement que possible, de concert avec vous, de musée à musée, je dirais de grand musée à grand musée, comme des collègues qui sont faits pour se comprendre, en dehors des filières tout au plus bonnes à embrouiller les fils. Ce système est aussi le vôtre ; vous me l'avez souvent recommandé. Appuyez-le vous-même en restant l'ami généreux et dévoué de notre Louvre, en continuant à prouver que cette entente amicale est le vrai moyen d'arriver à des résultats d'une réelle importance. Croyez bien qu'il y a dans notre union personnelle une grande force pour nos deux établissements et pour nous-mêmes.

(9) Allusion probable aux attentats anarchistes.

(10) Allusion probable à une protestation de Hamdi bey adressée à l'Académie à la suite d'une communication de Menant faisant état de difficultés rencontrées par les époux Chantre dans leur voyage, en raison d'une épidémie de choléra (*CRAI*, 1894, p. 271 : séance du 17 août 1894) : à cette protestation H. Wallon, secrétaire perpétuel, avait répondu au cours de la séance du 23 septembre.

(11) Voir *supra* la note 8.

(12) Sur la mission Chantre, cf. *infra*, chap. 12.

Pour ce qui concerne la mission de Chaldée, voici les indications précises que vous me réclamez. Nous vous demandons d'abord pour M. de Sarzec la prolongation réglementaire de son firman de fouilles à Tello. Cette prolongation d'un an s'étend du 27 février 1895 au 27 février 1896. Mais je compte, comme cela est tout à fait logique que vous pourrez nous donner du même coup la prolongation au moins jusqu'au 1er juillet de la même année 1896, c'est-à-dire jusqu'à l'expiration de la saison des fouilles. Considérez bien que plus vous assurez l'avenir de cette grande mission officielle, si utile à nos deux musées, plus nous aurons de force vous et moi contre les tentatives qu'on nous jette à la traverse [.....]. Au sujet du délégué veuillez vous rappeler, mon cher ami, ce qui a été convenu entre nous dans mon cabinet du Louvre. Pour nous permettre de réaliser une économie de temps et d'argent, vous nous avez accordé que le surveillant sus-dit serait pris dans la région même et ses émoluments fixés à 250 F par mois depuis le jour de son arrivée à Tello jusqu'à son départ avec ses frais d'aller et retour en plus. Je vous demande donc que le délégué soit pris à Bassorah, dans le vilayet auquel Tello appartient. Cela permettrait de se rencontrer dès l'arrivée et de se rendre ensemble sur place, au lieu de prendre de longs jours sans pouvoir rien commencer. M. de Sarzec part de Marseille le 5 décembre par voie directe. Nous vous prions de prévenir à l'avance la personne que vous désignerez et de l'avertir de se tenir, à partir du 1er janvier 1895, à la disposition de la mission.

Les titres actuels de notre ami[13] *sont Consul général, Correspondant de l'Institut, chargé d'une mission scientifique par le Ministère de l'Instruction Publique français; il sera utile de les mentionner exactement. Ma demande directe vous suffira, je l'espère mon cher ami, sans mettre en mouvement les bureaux et l'ambassade, qui d'ailleurs est prête à nous appuyer si vous le jugez utile [...].*

Je vous remercie des nouvelles que vous me donnez de nos caisses de 1893 et 1894. En effet peut-être vaut-il mieux ne pas les ouvrir avant mon voyage projeté; cela vous encombrerait beaucoup et ferait peut-être de la confusion. L'important est de les tenir en un lieu qui ne soit pas humide ni trop froid. Si mon projet de voyage tardait à se réaliser, nous en reparlerions. A ce propos notre ami de Sarzec vous demande l'autorisation, à l'avenir, de mettre son cachet sur les caisses à côté de celui du délégué; cela offrirait, je crois, une double garantie et serait bon pour tout le monde.

J'espère que cette lettre vous trouvera plus satisfait de votre santé. Pour moi, je vais un peu mieux, sans être encore d'une grande vaillance. J'ai besoin d'aller reprendre les eaux de l'Acropole combinées avec celles du Bosphore; mais les spécialistes seront-ils de cet avis?

Léon Heuzey, Paris, 19 janvier 1895.

Mon cher ami,

Nous avons été heureux de recevoir vos aimables vœux pour la nouvelle année, nous vous adressons aussi les nôtres et nous souhaitons avant tout que votre santé et toutes celles qui vous sont chères vous donnent pleine satisfaction. Un télégramme m'apprend que notre ami, M. de Sarzec a eu des retards dans son transbordement au sortir de la Mer Rouge; je crains qu'il ne puisse être rendu que vers le 20 janvier.

(13) Sur de Sarzec, cf. *supra*, p. 25.

Je me préoccupe toujours beaucoup de ne pas tenir de vous les renseignements précis que je vous ai demandés sur le choix du délégué et sur la nouvelle autorisation pour nos fouilles. Ces renseignements me sont indispensables pour régler ici les affaires de la mission. C'est un journal de Constantinople qui, à la date du 5 janvier nous apporte la nouvelle suivante : « Le terme du permis pour les recherches archéologiques entreprises par M. de Sarzec expirant le 1/13 mars prochain, celui-ci avait demandé au gouvernement impérial une prolongation d'un an. L'État a adhéré à cette demande à la condition que M. de Sarzec déposerait une somme équivalente à 12 mois d'appointements à servir au commissaire impérial chargé de surveiller les fouilles ». Si cela est exact nous n'aurions pas obtenu d'abord le petit surcroît de prolongation jusqu'en juin 1895, qui était pourtant si naturel et si juste. Notre saison de 1896 se trouverait ainsi coupée et par cela même risquerait d'être annulée. J'en serais extrêmement contrarié. D'un autre côté le dépôt de 12 mois de traitement est une mesure nouvelle, qui détruit la concession que vous m'avez faite et vient même aggraver notre situation antérieure. Ajoutez, mon cher ami, que Sarzec sera insuffisamment prévenu ; on ne saura plus qui devra payer ou ne pas payer le délégué. Cela va faire l'objet d'une correspondance administrative inextricable et sans fin ; nous serons exposés à des retards et, comme tout finalement retombe sur moi, cela va me causer mille ennuis, dont je n'ai certes pas besoin, avec mon état de santé et avec toutes mes occupations. J'espère encore que le journal a été mal informé et qu'une lettre prochaine de vous me donnera des indications précises et toutes différentes [......]. Je vous en prie, simplifiez tout cela dans un esprit plus conforme à nos conventions et au règlement lui-même. De toutes manières soyez assez bon pour me donner les détails précis, officiels que je vous demande pour que je sache ici bien nettement ce que j'ai à faire.

J'ai vu encore hier soir le Commandant chez M. B. Ces messieurs sont tout à fait d'accord avec moi. Nous avons aussi beaucoup parlé de nos projets d'échange et nous souhaitons vivement de les voir aboutir ; car ce sera une force pour vous comme pour nous[14].

(14) Il semble qu'Heuzey parle ici pour la première fois de son souhait de voir offrir au Louvre le vase d'Entéména qui, en vertu des engagements pris par lui, avait été renvoyé à Constantinople après nettoyage. Ce vœu devait être exaucé l'année suivante. Le 13 février 1896, le Secrétaire du palais impérial du Yildiz remettait à l'ambassadeur de France, Paul Cambon, le vase d'Entéména, de la part du sultan Abdul Hamid, et la nouvelle en était communiquée par un télégramme de Paul Cambon du même jour. Les archives du Ministère français des Affaires étrangères conservent la traduction de la lettre du secrétaire du palais impérial et le télégramme de Paul Cambon :

Traduction

Palais impérial du Yildiz

Bureau du secrétaire 8995

Le vase d'argent trouvé sur le site de Tello (province de Bassorah) et déposé au Musée impérial, qui avait été dernièrement apporté au Palais impérial pour y être placé sous le regard de S. M. est donné pour être déposé dans le musée de France, à titre de souvenir par mon auguste maître. En conséquence j'ai l'honneur de faire savoir à S. Exc. (l'ambassadeur P. Cambon) que ce vase a été envoyé par l'entremise de Faïk bey, chambellan de S. M. et que S. M. a gracieusement daigné s'informer de la santé de S. Exc. Je renouvelle à cette occasion les assurances de ma haute considération.

29 Chaban 1313 = 1er février vist 1311
(13 février 1896)
Le premier secrétaire de S. M.
Signé Tahsin.

Télégramme de Paul Cambon :

Péra le 13 février 1896,
Pour le ministre de l'Instruction publique et pour M. Heuzey, conservateur au Louvre :

Le sultan m'a donné pour le Louvre le vase d'argent de Tello ; je l'enverrai par le courrier du 20 février. J'ai demandé ce vase au nom de l'Académie. Je prie M. Heuzey de me faire adresser par l'Academie des inscriptions un télégramme de remerciements pour Sa Majesté.

Les archives de l'Institut conservent la lettre adressée au Secrétaire perpétuel de l'Académie des Inscriptions et Belles-Lettres par le ministre de l'Instruction publique, l'assurant que les remerciements ont été transmis au sultan par le ministère des Affaires étrangères.

République française

Paris, le 22 février 1896

Monsieur le Secrétaire perpétuel,

Vous avez bien voulu m'exprimer, le 21 février courant, la profonde satisfaction éprouvée par l'Académie des Inscriptions et Belles-Lettres en apprenant que S. M. le Sultan avait généreusement offert au Musée du Louvre le vase d'argent de Tello, découvert par M. de Sarzec dans ses fouilles de Chaldée. Vous m'avez demandé en même temps de transmettre à Sa Majesté, sous la forme d'un télégramme à notre Ambassadeur, l'hommage de la respectueuse reconnaissance de l'Académie.

J'ai l'honneur de vous annoncer que, par courrier de ce jour, je viens de prier M. Le Ministre des Affaires étrangères de prendre les mesures nécessaires à la réalisation de ce désir.

Agréez, Monsieur le Secrétaire perpétuel, l'assurance de ma haute considération.

Le Ministre de l'Instruction publique, des Beaux-Arts et des cultes.

CHAPITRE 3

FOUILLES DE PERGAME ET DE PRIÈNE

La première phase des fouilles de Pergame qui se déroulèrent de 1878 à 1886 se confondit avec la carrière de Carl Humann (cf. R. Stupperich, *Westfäliche Lebensbilder*, XIII, Münster, Westfalen, 1985 et W. Radt, *Pergamon, Geschichte und Bauten, Funde und Erforchung einer antiken Metropole*, Cologne, 1988). Né à Steele dans la Ruhr le 1er avril 1839, Humann fit ses études au gymnase d'Essen où s'affirmèrent très vite ses dons de dessinateur, mais aussi son goût pour les études anciennes et pour les mathématiques. Comme son frère aîné, il allait devenir ingénieur-architecte. En 1860, il entre à l'Académie des architectes de Berlin : « Je ne savais pas, écrit-il à ses parents, que dans les formes de l'architecture antique, réside plus de poésie que chez Schiller et Goethe ». Au sortir de l'Académie d'architecture il rejoint son frère, à Samos, qui y occupe des fonctions officielles, et entreprend ses premières fouilles à l'Héraion. Il s'installe ensuite à Smyrne puis à Constantinople. En 1863, il fait la connaissance du grand vizir Fuad Pacha et exerce son métier d'architecte dans diverses provinces. Voyageant dans l'Anatolie du Nord/Ouest il fait une halte à Pergame et, dans la maison de son hôte, le médecin grec Nicolas Rallis, il découvre une plaque de la Gigantomachie du grand autel. Grâce à la protection du grand vizir il parvient à mettre fin au pillage des ruines et à la dispersion des marbres dans les fours à chaux. A partir de 1867, il travaille au tracé des routes reliant Balikesir à Bandırma et Ayvalik à Pergame. Il se lie d'amitié avec le géographe Henri Kiepert et l'archéologue Ernst Curtius et, en 1871, il dresse le premier plan des ruines de la ville. Les projets de fouille se précisent quand en 1877 Conze devient directeur de la Glyptothèque des Musées royaux de Berlin et découvre les reliefs expédiés par Humann. Le permis de fouilles est accordé par le gouvernement ottoman aux musées de Berlin en 1878 et les fouilles se poursuivent jusqu'en 1886. Elles ont permis de suivre les progrès d'une cité royale, réduite, jusqu'aux débuts du IIIe siècle A. C., aux dimensions d'une simple forteresse. Par ailleurs les frises du grand autel de Zeus sont l'expression d'un art baroque qui rompt délibérément avec les règles de l'art classique.

L'activité de Carl Humann ne se limita pas à ses tâches pergaméniennes. Il soutint les projets de Benndorf en Lycie et à Éphèse, ceux de Winkler et von Luschan à Zıncırlı en Anatolie du Sud/Est[1] et ouvrit le nouveau chantier de Priène sur le cours inférieur du Méandre en 1895. Après la mort de Humann, à Priène même, le 12 avril 1896, la fouille fut poursuivie par Th. Wiegand.

(1) Cf. *infra*, chap. 7.

Alexander Conze[2], *Pergame, 28 septembre 1886.*

Votre Excellence,

désirait savoir si la Direction générale des Musées Royaux à Berlin acceptait la proposition de donner des plâtres qui pourraient être utiles à l'École des Beaux Arts à Stamboul, en échange pour les morceaux d'architecture et pour les fragments de décoration que nous désirons obtenir pour le Musée Royal à Berlin.

Je suis très satisfait de pouvoir vous communiquer, que d'après une lettre du 11 septembre que je viens de recevoir, la Direction générale à Berlin a déjà fait expédier à Constantinople les plâtres du groupe entier de Minerve de la géantomachie pergaménienne[3]. *Outre cela votre Musée recevra aussitôt que je serai de retour à Berlin une liste de plâtres qui me paraissent convenables à l'usage de votre École et qui seront à votre disposition. Ceux que vous choisirez seront expédiés, comme le groupe de Minerve, franco à Constantinople.*

Quant aux petits fragments spécialement de la géantomachie et quant aux fragments d'inscriptions qui, autrement, ne seraient presque d'aucune valeur, vous savez bien apprécier que c'est principalement l'intérêt scientifique qui nous fait désirer les transporter à Berlin pour les attacher l'un à l'autre et pour les étudier à côté des autres fragments qui se trouvent déjà au Musée de Berlin. Cette étude et cette reconstruction une fois faits, nous serons toujours prêts de faire retourner quelques pièces de sculptures au Musée Impérial de Constantinople, comme j'avais l'honneur de dire déjà à Son Excellence Munnif Pacha et comme cela est fait avec le Jupiter Ammon[4] *et l'Ermaphrodite*[5]. *L'ordre d'expédier la statue de l'Ermaphrodite a été donné tout à l'heure.*

Alexander Conze, Berlin, 30 juin 1888.

Excellence et collègue très honoré,

j'apprends que vous êtes de retour à Constantinople. Je n'avais pas attendu votre retour pour vous envoyer les deux anses de brasier que vous aviez la complaisance de me faire

(2) Alexander Conze (1830-1914). Né à Hanovre et mort à Berlin. Entre 1860 et 1866 il fit de nombreux voyages archéologiques en Grèce (Imbros, Lemnos, Samothrace et Lesbos) et publia une étude sur les vases archaïques de Mélos (1862) et sur le style géométrique (1870). Professeur à l'Université de Vienne il fut chargé par le gouvernement impérial de l'exploration de Samothrace. Avec l'aide des architectes Hauser et Niemann, Conze inaugure en 1873 un genre de fouille nouveau, qui n'était plus seulement la quête des œuvres d'art. En 1877 il quitte Vienne pour Berlin et devient directeur de la Glyptothèque. Il n'abandonne pas pour autant l'archéologie militante et assure le contrôle de la fouille de Pergame après la mort de Humann et dirige en même temps la publication du recueil des *Bas-reliefs funéraires attiques*.

(3) Sur la gigantomachie de Pergame, cf. par exemple R. Lullies et M. Hirmer, *La sculpture grecque* (traduction française, 1956, fig. 238 à 247).

(4) Sur la statue de Zeus Ammon, cf. Mendel, *Catalogue*, II, nº 626.

(5) Sur la statue de l'Hermaphrodite, cf. Mendel, *ibid.*, nº 625. Mendel rappelle qu'en 1885 cette statue et celle de Zeus Ammon, trouvées à Pergame, avaient été rétrocédées aux Musées impériaux en échange du géant mourant de la grande frise de Pergame et de fragments de la frise de Télèphe.

parvenir. Encore je vous en remercie; je les ai étudiées, dessinées et données hier à l'Office des affaires extérieures pour être transportées saines et sauves chez vous par le courrier. Si vous trouvez et si vous voyez encore de tels exemplaires je vous prie d'en prendre note pour moi; pour que le petit travail que j'en ferai[6] ait au moins quelque peu de valeur il faut que la collection soit aussi nombreuse que possible.

J'ai reçu votre lettre du 9/21 mardi à laquelle je n'ai pas encore répondu parce que vous étiez en route. Les photographies de la tête de Tralles[7] — quelle merveille! on m'en fera le moulage? Encore une autre question de moulage pour la publication des monuments de Pergamon à laquelle nous travaillons toujours, il nous faut un plâtre de l'architecture du théâtre avec les masques et l'inscription; comme l'original se trouve dans votre musée Impérial, je vous prie de me dire, si le moulage se peut faire, quel serait à peu près le prix d'une copie et quand elle pourrait être terminée [...].

Reinhard Kekule von Stradonitz[8], *Berlin, 11 mai 1896.*

Excellence,

L'émotion faiblit ma main quand j'entreprends de vous écrire pour me consoler avec votre Excellence de la perte inexprimable que nous venons de faire en la personne de notre cher ami Humann[9]. *Quelle lamentable communauté que celle de notre douleur à votre Excellence et à moi. Nous avons été bien fortunés de nous compter au nombre de ses amis intimes : d'autant plus grand sera le vide que sa mort laissera dans nos cœurs [...]!*

A ma propre douleur je mesure celle de sa malheureuse femme, de la vaillante Madame Humann [...]. J'ai écrit à Madame Humann pour lui offrir un séjour à Priène. C'est la seule chose que je puisse faire pour elle en attendant son retour en Allemagne, moment auquel j'espère pouvoir me rendre plus utile. J'espère qu'elle acceptera et que la tranquilité de ce lieu plein de souvenirs du dernier temps de bien-portance de son mari lui fera du bien. En tous cas elle sera entourée de cœurs compatissants qui pleureront avec elle son malheur et qui s'occuperont avec piété de l'œuvre commencée par son mari. Car quoique nous sentions bien que Humann ne pourra jamais être remplacé pour nos entreprises et pour nos fouilles d'aujourd'hui et d'avenir, pourtant nous sommes résolus de poursuivre les fouilles de Priène regardées par nous; de même que la réalisation de son projet favori,· l'exploitation de Milet comme tâche à achever en glorieuse mémoire de son nom. Je suis persuadé que vous conserverez à nos entreprises l'intérêt et la bienveillance dont elles ont joui du vivant de notre pauvre ami et je prends la liberté d'exprimer l'espoir qu'en avenir nous ne manquerons pas de votre précieuse aide.

(6) Cf. Conze, *Jahrbuch*, V, 1890, p. 118 sq.

(7) Cf. Mendel, *Catalogue*, II, n° 542 : Ephèbe de Tralles dont la tête avait été rajustée.

(8) Reinhard Kebule von Stradonitz (1849-1911) avait passé plusieurs années en Grèce et en Italie, puis enseigné à Bonn, où il eut pour élève le prince impérial (futur empereur Guillaume II). Il termina sa carrière comme professeur à l'Université de Berlin et directeur des Musées royaux. Ce fut une des bêtes noires de Furtwängler.

(9) Humann mort à Priène le 12 avril 1896.

Alexander Conze, Berlin 1er mai 1898.

Excellence et cher ami,

votre aimable lettre du 28 février m'a fait beaucoup de plaisir, parce qu'elle me dit que vous êtes satisfait de la grande planche du sarcophage que nous vous devons et encore parce qu'elle me dit que Monsieur Wiegand vous semble digne d'être le successeur de notre bien regretté Humann. Les affaires du musée ne me touchent pas autant qu'autrefois, mais c'est aussi au profit de la Science que l'œuvre de Humann[10] *ne devait pas finir avec lui.*

Votre cadeau, le moulage de la danseuse, est arrivé, en très bon état et ravissant. Je vous remercie mille fois; naturellement je l'ai donné au musée pour être exposée. Avec cette lettre je vous envoie quelques exemplaires de la héliogravure de la même danseuse, destinée à être publiée dans la prochaine livraison des Antike Denkmäler[11] *de notre Institut. Le même courrier vous apportera aussi trois exemplaires d'un discours que j'ai fait sur Pergame. Je l'ai intitulé «Pro Pergamo». C'était mon but de recommander la continuation de la grande recherche que nous avons seulement commencée et qui n'est pas arrivée à la fin. Des trois exemplaires je vous prie de tenir l'un pour vous-même, de donner un autre à Halil et de garder le troisième pour la bibliothèque de votre Musée.*

Ce discours doit être mon testament. Je ne peux pas songer moi-même de conduire à la fin la grande recherche de la capitale des Attalides mais j'espère que l'avenir le fera et je suis sûr que votre Excellence sera toujours le protecteur de tels efforts.

Vous savez déjà ce qui est mentionné aussi à la fin du discours, que nous souhaitons de continuer pendant cet été les travaux à Pergame, en dressant un plan tout à fait exacte de la ville et de ses plus prochains environs, du Caïcus au Sud jusqu'à la montagne d'Agios Georgios au Nord. L'état-major nous a donné un officier cartographe — Monsieur Berles est son nom — pour exécuter le plan. L'Académie des Sciences a donné un petit fonds pour cette œuvre-là. Je me suis adressé il y a quelque temps, au chancelier d'État pour demander, par l'entremise de l'ambassade à Constantinople, la permission de votre gouvernment. Il s'agit d'un travail, purement scientifique. Ce ne sont plus les trouvailles qui m'intéressent en première ligne.

Je vous prie de favoriser les démarches que fera l'ambassade. Halil m'a dit lorsque nous étions en Asie Mineure, que puisque il est question de lever des jalons, et des jalons d'une soi-disant forteresse, votre gouvernement demandera aussi le consentement des autorités militaires. On sait assez bien qu'il n'y a pas de danger de ce côté de l'Allemagne et outre cela que nous possédons déjà tous les jalons de Humann, qui doivent seulement être révisés et faits plus exacts pour les hauteurs, exactitude qui n'était pas si impérative avant que nous ayons continué les recherches des acqueducs. J'espère qu'il n'y aura aucune difficulté sérieuse.

C'est vers la fin de juillet que nous pensons d'arriver à Pergame. Pour la personne du commissaire je vous recommande toujours Bedri, mais chaque personne que vous choisirez me sera agréable.

(10) Une lettre adressée à Théophile Homolle, directeur de l'École française d'Athènes, par le consul général de France à Smyrne, à l'issue des obsèques d'Humann, célébrées en présence des diverses colonies étrangères dans la cathédrale de Smyrne, contient ces quelques lignes : «La mort de M. Humann est une perte réelle pour l'Allemagne. Le consul et les membres de la colonie en ont clairement le sentiment. Leurs regrets sont d'autant plus vifs que le défunt ne paraît pas devoir être remplacé. M. Heine, son jeune collaborateur actuel, qui avait déjà pourtant suivi les fouilles de Pergame et de Magnésie du Méandre ne semble pas appelé à un rôle supérieur à celui de chef de travaux, qu'il remplit jusqu'à présent. Il n'a d'ailleurs aucune des hautes relations que M. Humann avait réussi à créer, sans parler des rapports intimes qu'il entretenait avec Hamdi bey, directeur des musées ottomans».

(11) Cf. *Antike Denkmäler*, II, p. 15-16, pl. XXV.

CHAPITRE 4

OTTO BENNDORF EN LYCIE ET À ÉPHÈSE

Né en 1838, Otto Benndorf fit, de 1857 à 1862, des études supérieures à Bonn et à Erlangen. De 1864 à 1868, il voyagea en Italie et en Grèce et publia en 1868 avec R. Schöne, le premier catalogue raisonné du Musée du Latran. A partir de 1869, il entreprit un grand travail sur les vases grecs et siciliens qui parut en 1883 *(Griechische und sizilische Vasenbilder)* et fut le point de départ de toutes les études sur la céramique à figures rouges et sur les lécythes blancs. De la même période date une étude approfondie des métopes de Sélinonte. Benndorf enseigna d'abord à Göttingen puis à Zurich, Munich et Prague. En 1875, il accompagna Conze à Samothrace et succéda à Conze à l'Université de Vienne où il professa jusqu'à sa mort, en 1907. C'est à Vienne qu'il conçut, avant de les diriger sur le terrain, deux grandes expéditions en Carie et en Lycie dans l'Asie Mineure du Sud-Ouest, où il donna toute sa mesure comme archéologue et comme épigraphiste. L'un de ses mérites fut de reprendre l'étude de l'Hérôon de Trysa, découvert en 1842 par l'Allemand Schönborn, et d'en faire transporter les reliefs à Vienne. Élu à l'Académie de Vienne, en 1885, il prit en main la publication des *Tituli Asiae Minoris*, dont le premier volume fut en 1901 consacré aux inscriptions de Lycie en langue lycienne. Sa dernière grande entreprise fut la fouille d'Éphèse, celle de la ville fondée à la fin du IVe siècle par le roi Lysimaque de Thrace, et non celle du sanctuaire d'Artémis dont l'exploration avait été réservée aux archéologues britanniques.

Otto Benndorf, Sanct Gallen bei Weissenbach in Steiermark, 24 septembre 1892.

Chère Excellence, permettez-moi de vous envoyer sous bande un exemplaire du rapport préliminaire que j'ai adressé à l'Académie de Vienne, au sujet de mon dernier voyage en Asie Mineure. Je vous prie de l'accepter en signe de ma haute considération et comme un souvenir de mon court séjour à Constantinople que votre amabilité m'a rendu si cher et important.

Mon voyage n'a pas été sans peine, mais pourtant heureux. J'en ai rapporté une seule impression triste, c'est d'avoir vu des tailleurs de pierre détruire des monuments antiques sur plusieurs points de la côte, que vous trouverez indiqués à la page 10 du rapport. Le bas-relief grec d'Arsada en Lycie[1]*, décrit à la page 7 du rapport, n'est pas précisément une sculpture de premier ordre, mais il est bien conservé, facile à transporter et sera une rareté parmi les monuments de la Lycie. J'aimerais mieux de le voir dans votre beau Musée que dans le palais provincial de M. Luisidi de Macri, qui, du reste, est un collectionneur fort habile et aimable. Le récit que j'ai fait à notre ministre sur votre Musée et votre publication magnifique ont excité le désir de pouvoir admirer une fois dans le salon de Vienne la main du peintre à laquelle nous sommes redevables de telles sculptures* (sic). *J'ai lieu de croire que la Société des artistes de Vienne vous invitera à lui envoyer un de vos charmants tableaux pour l'exposition prochaine et je vous prierais d'avance de céder à cette démarche, qui ne manquerait non plus d'intérêt pour la société de Vienne de laquelle vous êtes si bien connu.*

Otto Benndorf, *Vienne, 9 août 1894.*

Excellence et ami vénéré,

Le billet extrêmement aimable, avec lequel vous avez répondu à ma demande télégraphique m'a causé une joie véritable, et je ne saurais vous en remercier suffisamment. Si j'ai tardé à écrire, notre ministre en porte la faute. Il était absent et ce n'est qu'en ce dernier temps que j'ai réussi à lui parler. Il me charge à présent de vous dire combien il est sensible à votre amabilité et en même temps heureux de voir assurée votre protection à une entreprise scientifique qui contribuerait certainement à lier nos bonnes relations avec votre pays. Depuis peu il a fait demander par notre ambassadeur à votre gouvernement la permission de faire des fouilles régulières à Éphèse. Averti qu'il fallait éviter un retard quelconque, il a dernièrement consenti que M. Humann[2] *fasse la même démarche en mon nom. C'est donc en vos mains que repose à présent le sort de nos vœux et je suis sûr que vous ne vous repentirez pas de nous procurer une priorité, à laquelle nous tenons sous plus d'un regard. Il est vrai que pour le moment nous ne sommes pas encore prêts. Mais il y a lieu de croire que nous pourrons commencer l'année prochaine, et j'espère que la fortune des fouilles que vous savez diriger à merveille, pourra passer pour quelque temps de vos mains dans les nôtres.*

Je profite de cette occasion pour vous recommander deux jeunes écoliers, M. Kalinka[3] *et M. Heberdey*[4]*, qui s'établiront à Constantinople et à Smyrne avec la mission de notre gouvernement de voyager en Asie Mineure pour le* Corpus *des Inscriptions que notre Académie prépare. Ce sont de bons garçons, très instruits, très capables, et absolument dignes de vos secours. J'espère qu'ils pourront être utiles à vos recherches et je vous prie de disposer de leurs services en chaque occasion. Vous les trouverez aimables et bien élevés dans le respect scientifique de vos mérites.*

(1) Sur le bas-relief d'Arsada (au Nord de Xanthos sur la rive gauche du Xanthe) cf. Benndorf, *Mélanges Perrot*, p. 1 sq.; *TAM*, II/2, n° 543.

(2) Sur le rôle de Humann, cf. *supra*, chap. 3.

(3) Ernst Kalinka (1865-1946). Professeur de philologie classique à Czernowitz, puis à Innsbrück de 1903 à 1936. Spécialiste de l'épigraphie d'Asie Mineure.

(4) Rudolf Heberdey (1864-1936). Professeur d'archéologie classique à Graz, il participa aux fouilles d'Éphèse et prit part à la publication des travaux autrichiens de Lycie.

CHAPITRE 5

LA CONTROVERSE BÖTTICHER-SCHLIEMANN À PROPOS DES FOUILLES DE TROIE

Parmi les très nombreux adversaires ou simplement critiques de Schliemann, le plus virulent fut certainement Ernst Bötticher, commandant en retraite, qui entama une polémique dans la *Zeitschrift für Ethnologie* de 1883. Schliemann à ses débuts, avec l'incompétence totale d'un amateur, avait supposé que les cendres recueillies dans ses fouilles de Troie étaient des cendres humaines et que chaque vase devait être considéré comme une urne cinéraire. Il avait bientôt reconnu son erreur et avait rejeté cette opinion. En revanche Bötticher avait repris vigoureusement la thèse de Schliemann et avait échafaudé la théorie d'une nécropole à incinération s'identifiant à l'acropole de Troie selon le modèle qu'il croyait retrouver sur le site de Babylone, fouillé par Koldewey, et attaqua donc les nouvelles conceptions de Schliemann et de son collaborateur Dörpfeld. Il défendit son point-de-vue au cours de diverses rencontres, notamment au Congrès d'anthropologie et d'archéologie tenu à Paris en août 1881, où il reçut le renfort de Salomon Reinach qui présenta au Congrès le mémoire de Bötticher sur *La Troie de Schliemann, une nécropole à incinération à la manière assyro-babylonienne.* Au cours de ce même mois d'août 1881, Bötticher défendit à nouveau sa thèse devant le Congrès de la Société allemande d'anthropologie. En décembre 1889, un premier colloque se tint à Hissarlik en présence de Niemann, architecte de Vienne et du Major Steffen, cartographe de Mycènes, où il fut démontré que les reconstitutions contestées par Bötticher reposaient sur des restes authentiques. Un nouveau colloque eut lieu, en 1890, auquel participaient C. Babin, ingénieur, collaborateur de Dieulafoy à Suse, délégué par l'Académie des Inscriptions et Belles-Lettres, Frank Calvert, agent consulaire américain à Toprakkale, Friedrich von Duhn, professeur à Heidelberg, W. Gimpler, représentant de la Société des Antiquaires de Breslau, Hamdi bey, Carl Humann, R. Virchow et Ch. Waldstein. A l'issue du colloque les participants qui avaient étudié les thèses de Bötticher, signèrent, le 30 mars 1890, le protocole d'Hissarlik, réfutant catégoriquement l'hypothèse d'une nécropole à incinération : « In keinem Teil der Ruinen wurden irgendwelche Anzeichen von Leichenverbrennung gefunden », et confirmèrent les vues exposées par Niemann et Steffen lors du colloque précédent (voir Ernst Meyer, Heinrich Schliemann, *Kaufmann und Forscher*, Göttingen, 1969 ; Léo Deuel, *Heinrich Schliemann, eine Biographie mit Selbstzeugnissen und Bilddokumenten*, Vienne, 1975 ; R. Böll, *Heinrich Schliemann, Mythos und Ärgernis*, Munich, 1981).

Ernst Bötticher, Munich, 25 juin 1889.

Très honoré Monsieur!

J'ai l'honneur de vous adresser mon livre «La Troie de Schliemann, une nécropole à incinération à la manière assyro-babylonienne» comme témoignage de ma vénération.

Je vous prie de prouver mes conclusions sur les lieux. Il faudrait certainement qu'une nouvelle enquête dans la colline d'Hissarlik fût entreprise par un savant très compétent et qui fasse autorité. La science, Monsieur, vous remerciera, si vous comblerez vos grands mérites en éclaircissant la question d'Hissarlik.

José-Maria von Radowitz[1], *Péra, 9 février 1890.*

Chère Excellence,

Je ne puis vous cacher que j'ai fait une visite clandestine au Musée (en attendant mieux, sous votre égide) et que je suis resté émerveillé de ce que j'y ai vu; pourtant ce n'était qu'un tout petit coin du couvercle du grand sarcophage que M. Osgan a eu l'obligeance de me faire découvrir. Quelle magnificence! Comme vous devez être fier d'une pareille acquisition qui place votre Musée au premier rang des collections européennes. Je me fais une fête d'y retourner aussitôt que l'état de votre santé vous permettra de nous y recevoir.

M. Testa vous porte une lettre de Schliemann relative à ses fouilles à la Troade dont j'ai déjà eu l'honneur de vous entretenir. Vous m'obligeriez beaucoup en lui accordant le plus tôt possible la permisssion qu'il sollicite pour chercher la nécropole de l'ancienne ville de Troie. Il ne désespère pas de trouver la preuve définitive de sa thèse contre M. Bötticher en constatant un endroit particulièrement consacré à l'enterrement des morts de cette ère préhistorique. Dans tous les cas ce qu'il y trouvera, si jamais il y réussit, ne sera pas beau, à en juger par les vieux pots qu'il a si religieusement ramassés comme provenant de la Troade à son Musée d'Athènes! Aussi je suis sûr que vous serez disposé à lui en accorder une large part comme il le désire dans sa lettre, à titre de dédommagement pour les frais de son entreprise, qui peut être très méritoire au point-de-vue de la science mais qui certainement n'ajoutera rien à nos notions des belles œuvres classiques. J'ai des raisons pratiques, pour mon repos aussi bien que pour le vôtre, qui me font vivement désirer que M. Schliemann finisse vite et, autant que possible à sa satisfaction, cette campagne et je compte comme toujours sur votre bienveillant appui.

(1) Sur von Radowitz, cf. *supra*, chap. 1.

Rudolf Virchow[2], *Hissarlik, 20 avril 1890.*

Excellence,

Demain je partirai pour Constantinople. Comme vous aviez la grande bonté de me donner quelque espérance de voir les sarcophages syriens je vous prie de bien vouloir adresser une petite communication à l'Hôtel Impérial à Péra sur le temps où je pourrai vous trouver. Malheureusement, je suis très pressé; je pense de quitter Constantinople jeudi soir. Pour cela je dois solliciter une heure du mercredi ou du lundi. Nous étions, M. Schliemann et moi, pendant neuf jours sur un tour de l'Ida[3] *que nous avons parcouru et ascendu* (sic). *C'était un voyage un peu violent mais du plus haut intérêt. Pendant ce temps les travaux des excavations ont cessé. M. Schliemann attend avec impatience votre consentement à l'accomplissement de la fouille d'un tépé au Knoiteion. Les paysans propriétaires sont très zélés de fouiller les tépés voisins et M. Schliemann craint, comme il me paraît, avec raison, qu'ils poursuivent aussi la fouille commencée et que les résultats seront perdus. Je vous prie de vouloir bientôt accorder la concession.*

(2) Rudolf Virchow (1821-1902). Professeur d'anatomie pathologique à l'Université de Würzburg en 1849 et à celle de Breslau en 1856, il fut l'un des fondateurs de la Deutsche Gesellchaft für Anthropologie, Ethnologie und Urgeschichte. Membre du parlement allemand, fondateur du parti du progrès et adversaire résolu de Bismark. Ce fut un des soutiens les plus fidèles de Schliemann qu'il accompagna dans une de ses campagnes.

(3) Sur l'Ida-Gargaros ou Kaz Dağ, cf. J. Cook, *The Troad* (1973), p. 108 sq. et p. 304. Je n'ai pas identifié ni localisé le tepe du Knoitéion auquel fait allusion Virchow.

CHAPITRE 6

FOUILLES DU SANCTUAIRE D'HÉCATE À LAGINA

Le sanctuaire de Lagina était situé au cœur de la Carie, sur la rive gauche du Marsyas, affluent du Méandre, à environ deux heures de marche de Stratonicée. Mentionné dans l'antiquité par Strabon, Tacite et Stéphane de Byzance, le sanctuaire avait été identifié au XVIIIe siècle par Pococke et Chandler ; de nombreux voyageurs le visitèrent au XIXe siècle. Benndorf projeta une campagne de fouilles qu'il n'exécuta pas. En 1881, Hauvette-Besnault et Dubois, membres de l'École française d'Athènes, publièrent quelques inscriptions. Au mois de mai de 1891 deux autres membres de l'École d'Athènes, Legrand et Chamonard s'arrêtèrent trois jours à Lagina et dégagèrent vingt-quatre plaques de la frise du temple d'Hécate (cf. Homolle, *BCH*, XV, 1891, p. 456 sq. ; *CRAI*, 1891, p. 272 et p. 291). Dans l'automne 1891, Hamdi bey se rendit à Lagina. Il y séjourna du 17 au 31 octobre et découvrit dix nouvelles plaques de la frise. Faute de pouvoir les transporter à Constantinople, il les plaça dans un abri provisoire et projeta d'entreprendre en 1892 de véritables fouilles auxquelles il voulut associer un membre de l'École française (cf. *CRAI*, 1892, p. 304). Chamonard retourna donc à Lagina, accompagné cette fois de Joubin ; il dégagea les ruines du temple et une partie du péribole, mais ne recueillit que quelques fragments de la frise (cf. Radet, *Histore de l'École française d'Athènes*, figures p. 351 et 369). Poursuivis entre le 30 septembre et le 20 novembre, les travaux furent interrompus par les fièvres et remis à l'année suivante. Hamdi bey avait alors l'intention de transporter à Constantinople tous les fragments du temple et de rebâtir l'édifice dans les jardins du Musée. Pontremoli, ancien prix de Rome, avait accepté d'être l'architecte de la mission. Mais Hamdi bey, gravement atteint par la fièvre larvée qu'il avait contractée à Lagina, dut renoncer à son projet, qui ne fut jamais repris. En 1895, Chamonard (*BCH*, XIX, 1895, p. 395 sq., pl. XXV ; Mendel, *Catalogue des sculptures* I, p. 429 sq.) publia les sept plaques de la frise Ouest en les accompagnant d'un plan sommaire du temple et d'une étude stylistique.

Théophile Homolle[1], *Paris, 17 novembre 1891.*

Excellence,

J'ai eu le plaisir d'apprendre que vous aviez dans votre dernière tournée d'Asie Mineure passé par Lagina et je ne veux pas tarder à vous remercier de l'attention avec laquelle vous suivez cette affaire. J'espère bientôt apprendre de ce voyage d'autres nouvelles intéressantes; car vous nous avez habitués à de tels succès que tout le monde archéologique suit vos mouvements avec impatience et curiosité. Notre Bulletin *va paraître en fin décembre et si vous vouliez bien me communiquer une note sur vos découvertes, sur les enrichissements de votre Musée, je me ferais un plaisir, dans l'intérêt de la science, et aussi (permettez-moi de le dire) par amitié pour vous, de publier tout de suite la bonne nouvelle.*

Je vous avais promis de rechercher pour votre bibliothèque un exemplaire de Myrina[2], *que j'ai été très étonné d'y voir manquer. J'ai eu la satisfaction d'en trouver un disponible et je vous le ferai parvenir dès mon arrivée à Athènes (dans une quinzaine) par l'intermédiaire de l'ambassade. Les bonnes assurances que vous avez données à mon ami Maspero et à M. Charmes*[3] *au sujet de la publication de vos briques assyriennes m'ont particulièrement touché, puisque c'est entre vous et moi que cette affaire a été commencée; je vous en remercie bien sincèrement.*

Monsieur Reinach m'annonce que la première livraison (double) de Saïda *va paraître; ce me sera une occasion toute indiquée de vous redire mon sentiment sur vos découvertes. Je me réjouis de cette collaboration heureuse entre nos savants et vous et qui se poursuivra, se développera, je l'espère, pour le bien de la science et notre bonheur commun.*

Théophile Homolle, *Athènes, 19 novembre 1892.*

Excellence,

Les travaux de Delphes et un deuil de famille ont retardé beaucoup plus que je n'eusse souhaité l'expression de mes remerciements. Je ne voulais pas non plus vous les adresser sans vous annoncer en même temps que j'avais saisi l'Académie des résultats importants de vos

(1) Théophile Homolle (1848-1925). Membre de l'Académie des Inscriptions et Belles-Lettres. Né à Paris, il fut à l'École normale supérieure le condisciple de Maxime Collignon et de Georges Radet. A son arrivée à l'École d'Athènes, Albert Dumont l'envoya à Délos. Il fut d'abord découragé par la masse des ruines, puis il entreprit plusieurs campagnes dans des conditions très précaires et découvrit sculptures et inscriptions qui aboutirent à ses thèses de doctorat sur *Les Archives de l'Intendance sacrée* et sur les statues archaïques d'Artémis. A son retour en France il enseigna à Nancy, puis fut nommé en 1891 directeur de l'École française d'Athènes. La fouille de Delphes, dont les vrais débuts datent de 1892, fut sa grande réussite. Rentré en France, en 1904, il fut directeur des Musées nationaux. Révoqué après le vol de la Joconde en 1911, il termina sa carrière comme administrateur de la Bibliothèque nationale.

(2) Cf. E. Pottier et S. Reinach, *La nécropole de Myrina*, 2 volumes, Paris, 1887.

(3) Allusion à la mission de Vincent Scheil à Constantinople, cf. *infra*, chap. 9, p. 55 sq.

fouilles[4]. *Je vous suis très reconnaissant, l'Académie et le Ministère de l'Instruction publique le sont comme moi, de la libéralité avec laquelle vous avez associé à vos travaux un des membres de notre École. M. Chamonard, en me rendant compte de vos intéressantes recherches, m'a dit aussi toutes les prévenances aimables dont vous l'aviez comblé, toute la sollicitude dont vous l'aviez entouré; il en a été profondément touché; je suis heureux de vous en exprimer moi-même mes bien vifs remerciements. Il ne m'a pas caché que vous aviez été un peu déçu de ne pas voir arriver d'architecte; j'avais jugé, d'après les lettres que j'ai eu le plaisir d'échanger avec vous, que vous l'attendiez seulement à la fin des travaux pour faire le relevé complet des découvertes. La grande expérience que vous avez des fouilles et la maestria avec laquelle vous les conduisez me paraissaient ne rendre ce concours technique nécessaire qu'à l'achèvement des recherches. Ne craignez rien pour la prochaine campagne à laquelle vous voulez bien vous livrer au printemps : nos mesures seront prises pour que M. Chamonard se rende auprès de vous accompagné d'un architecte, qui soit aussi brillant dessinateur qu'exact topographe. Nous ne négligerons rien, veuillez le croire, pour que notre collaboration soit digne de vous et de votre projet.*

J'espère qu'également satisfaits d'une expérience qui tournera à l'avantage de la science et à notre mutuel honneur, l'avenir pourra nous voir réunis encore. Je vous l'ai dit et j'aurai à vous le répéter : respectueux de vos lois, heureux de contribuer pour notre part à l'enrichissement d'un Musée que vous avez fait en quelques années si célèbre et si beau, nous éprouvons de plus une satisfaction particulière à collaborer avec un artiste qui s'est formé dans nos écoles et veut bien s'en souvenir, avec un ardent patriote ottoman qui est en même temps un Parisien raffiné, qui n'a jamais caché sa sympathie pour notre pays. Pour moi, je tiens comme un des actes les plus heureux, les plus justes de ma direction d'avoir renoué avec vous des relations cordiales [...].

(4) Cf. *CRAI*, 1892, p. 147 sq., 291 sq., 304 sq. et 1893, p. 349 sq. Parmi les lettres adressées à Homolle et conservées dans sa famille j'en relève une, signée d'Hamdi bey le 1er décembre 1891, qui porte sur les fouilles de Lagina et le rôle de Chamonard :

Monsieur le Directeur,

Je ne sais en vérité comment vous remercier de tant d'aimables expressions de votre sympathie contenues dans la lettre que vous m'avez adressée le 10 novembre dernier. J'en suis touché au dernier point et je vous prie de croire à toute ma reconnaissance de ces témoignages d'une bienveillance qui m'est précieuse.

J'ai été très heureux d'avoir avec moi aux fouilles de Lagina M. Chamonard. Il m'a charmé par son esprit, sa science... il m'a été en réalité fort utile. Je compte bien renouveler souvent, à notre avantage réciproque, de semblables expériences avec nos bons voisins d'Athènes et réclamer leur concours pour les fouilles à venir. Quant à celles de Lagina, j'estime qu'il importe beaucoup de les continuer, ainsi que je l'ai déjà dit à M. Chamonard. Je m'y rendrai à cet effet en mars prochain : j'espère bien voir arriver alors en sa compagnie, ainsi que vous avez la bonté de me le promettre un architecte aussi brillant dessinateur qu'exact topographe ; j'en éprouve d'avance une grande satisfaction.

En effet la restauration du temple est devenue maintenant d'autant plus digne d'un haut intérêt, que mon Auguste Souverain vient de m'autoriser à reconstruire à côté du Musée Impérial cet antique édifice, afin d'y poser la frise à la place même qu'elle occupait à l'origine. L'intérieur du temple servira d'emplacement très convenable pour le petit Musée spécialement carien, que j'y installerai en rassemblant là ce que nous possédons dès à présent d'antiquités provenant de Carie, et celles que nous recueillerons là par la suite.

Permettez-moi, Monsieur le Directeur, de vous exprimer mon bien sensible regret de n'avoir point reçu la série complète du Bulletin de la Correspondance archéologique d'Athènes depuis l'origine, en 1877, de cette belle publication que vous m'avez fait l'honneur de m'adresser en 1891. Il ne m'en est effectivement parvenu que les fascicules de mars-juin et juillet-décembre de l'année 1891. Je vous prie donc de me faire savoir par quelles entremises a dû être effectué cet envoi, afin que je fasse les recherches nécessaires pour recouvrer une collection que je désire absolument posséder, car il faut que la Bibliothèque du Musée Impérial ne manque d'aucun des documents qui lui assureront un rang distingué parmi les établissements scientifiques.

J'ai pris bonne note de votre désir relatif aux jeunes gens de l'École d'Athènes qui auront à faire des voyages en Asie Mineure. Je vous serais très reconnaissant de vouloir bien à l'avenir me les adresser tous directement. Soyez assuré qu'ils seront l'objet de ma vive sollicitude et que je n'épargnerai rien pour faciliter leurs études par tous les moyens en mon pouvoir.

CHAPITRE 7

FOUILLES DE ZINCIRLI ET ALENTOURS

La découverte du monde syro-hittite date de la fin du XIXe siècle et résulte, pour une large part, des fouilles conduites de 1888 à 1891 par les musées de Berlin et la Société orientaliste allemande sur le site de Zıncırlı, l'ancienne Şamal. «Adossée aux contreforts du Mont Amanus qui est comme un bastion avancé de la chaîne du Taurus commandant le croisement des routes, les unes qui viennent de l'Ouest par les cols des montagnes, d'autres qui remontent vers le Nord du côté de la vallée de l'Halys, ou qui inclinent à l'Est vers l'Euphrate, Zıncırlı occupe une position stratégique et commerciale de première importance. On s'explique la prospérité de la ville qui y fut établie» (Pottier, *L'art hittite*, p. 37). Encore que les travaux aient été menés avec l'absence de méthode qui caractérisait les fouilles de ce temps, les résultats de ces campagnes furent fort instructifs. Les ruines de Şamal donnaient une idée assez complète de ce que fut une cité du monde syro-hittite avec ses murs d'enceinte, ses poternes, sa citadelle et ses palais. Une architecture civile et religieuse revoyait le jour, qui se distinguait à la fois de celle de la Grèce ou de l'Anatolie occidentale, dont l'exploration commençait à peine, et des architectures plus anciennes ou contemporaines d'Assyrie ou de Babylonie. Cependant c'est dans le domaine de la sculpture que les fouilles de Zıncırlı apportèrent les renseignements les plus riches. Les pièces rendues au jour et conservées à Istanbul ou à Berlin sont, dans leur grande majorité, des reliefs qui décoraient les socles d'édifices civils ou religieux dont les superstructures étaient en brique crue selon le mode d'architecture courant au Moyen-Orient. (Sur les fouilles, voir notamment F. von Luschan, C. Humann, R. Koldewey et G. Jacoby, *Ausgrabungen in Sendschirli*, I-V, 1893-1943; sur les reliefs voir E. Pottier, *L'art hittite*, p. 49 sq.; E. Akurgal, *Späthethitische Bildkunst*; W. Orthmann, *Untersuchungen zur späthethitischen Kunst*, p. 59 sq. et 537 sq.).

J. Euting[1], *Sendjirli, 3 mai 1890.*

Excellence !

J'ai l'honneur de vous transmettre ci-joint la photographie de la mosaïque d'Urfa[2] *que M. le Docteur de Luschan*[3] *a eu la bonté d'exécuter d'après mon journal de voyage; j'espère que ça vous donnera au moins une idée de ce monument qui mériterait d'être préservé contre les injures du temps et des hommes. M. de Luschan vous envoie ses salutations empressées et vous écrira bientôt lui-même.*

Otto Puchstein[4], *Berlin, 9 juin 1890.*

Excellence !

Prenant encore toujours grand intérêt à la géographie de la Commagène, je vous remercie beaucoup du renseignement aimable concernant le nom ancien d'Islahie[5]. *Je ne savais pas que le célèbre Djevdet Pacha avait fondé cette ville sur le site de Nicopolis. Malheureusement il ne m'a pas été possible de rencontrer le professeur Kiepert, qui est en voyage depuis longtemps, et de lui faire part de votre nouvelle. Sur la carte géographique de notre publication que l'Académie des Sciences vous aura expédiée au mois d'avril, M. Kiepert a donné à Islahie le nom de Niboli. Ceci certainement n'est pas juste puisque Djevdet Pachat écrit Nigolis Kalesi. Conformément à cette dénomination NICOPOLIS se trouve dans l'inscription latine que vous avez découverte au château d'Islahie*[6].

En quelques semaines j'espère de revoir à Berlin sain et sauf notre ami M. de Luschan et je suis très curieux du succès de ses fouilles à Sendjirli. M. Schliemann ne paraît pas avoir eu beaucoup de chance. Au moins chez nous on n'entend pas qu'il ait trouvé quelque chose à Hissarlik. Vous savez que M. Schoene, il y a quelques semaines, n'allait pas bien. Maintenant il fait usage de bains à Kissingen.

(1) J. Euting (1829-1913). Spécialiste des langues de l'Orient ancien. Bibliothécaire, puis professeur à l'Université de Strasbourg. Épigraphiste de la mission allemande de Zıncırlı.

(2) Sur la mosaïque d'Urfa, cf. B. Segall, *Edessa, the blessed city* (1978), pl. 16/6.

(3) Felix von Luschan (1854-1924) a participé comme anthropologue à l'expédition autrichienne de Lycie en 1885 et, en 1893, il fut chargé de la direction des fouilles de Zıncırlı.

(4) Otto Puchstein (1857-1911). Professeur à l'Université de Fribourg-en-Brisgau, puis conservateur au musée de Berlin. Comme secrétaire de l'Institut archéologique allemand, Puchstein avait beaucoup voyagé et fait de nombreuses découvertes dans le domaine de l'architecture avec Humann en Syrie, Winckler à Boğazköi et Koldewey en Sicile. Comme conservateur au musée de Berlin il joua un rôle essentiel dans la mise en place du grand autel de Pergame.

(5) Sur la situation d'Islahie au Nord-Est d'Alexandrette voir par exemple la carte dressée par U. Bahadir Alkim pour *Archaeology*, 22/4, octobre 1969, p. 281.

(6) Sur l'inscription latine d'Islahie-Nicopolis, cf. Mommsen, *CIL*, IIII, Suppl. I, p. 1225, n° 6703 : *Prioris saxi ectypum* Puchstein *misit* Hamdi bey *director musei Constantinopolitani*.

J.M. von Radowitz[7], *Péra, 18 décembre 1890.*

Mon cher Bey,

Je viens de recevoir un télégramme de M. de Luschan, daté d'Alexandrette le 17 courant, qui m'informe de ce que les autorités locales déclarent le terme des fouilles de Sendjirli prochainement expiré et prétendent n'avoir aucune instruction relative à une prolongation des travaux. Or il ne peut y avoir qu'une erreur ou qu'un oubli dans la transmission des ordres nécessaires, la prolongation du permis de fouilles ayant été demandée et accordée ici depuis longtemps.

Je vous prie, chère Excellence, de le faire parvenir le plus tôt possible à qui de droit, afin qu'il n'y ait pas une interruption dans les travaux de Sendjirli.

(7) Sur J.M. von Radowitz, cf. *supra*, chap. 1, p. 18.

CHAPITRE 8

MOMMSEN ET LA BASE D'AMASTRIS

Théodore Mommsen (1817-1903), né à Garding (Schleswig), dans une famille de pasteurs, fit ses études supérieures à l'Université de Kiel où d'emblée il se prit de passion pour la philologie latine. L'un de ses professeurs l'orientant aussi vers la jurisprudence, Mommsen embrassa les deux carrières avec une égale ardeur. Il passa plusieurs années en Italie, préparant le recueil des inscriptions latines du royaume de Naples. A son retour dans son pays il fut pris dans la tempête de 1848 et eut à souffrir de la réaction politique. Aussi dut-il enseigner d'abord à Zurich avant d'obtenir un poste à Breslau, où il publia le premier volume de son *Histoire romaine.* Presque aussitôt sa réputation devint européenne. En 1868, il est nommé à Berlin comme professeur d'histoire ancienne. Il fut élu au Landtag de Prusse puis au Reichstag, d'abord dans le groupe libéral, puis dans le groupe progressiste et se montra un adversaire résolu de Bismark. Son activité scientifique fut prodigieuse : *Histoire de la monnaie romaine, Corpus inscriptionum Latinarum*, etc. Mort à Berlin le 1er novembre 1903.

Trois lettres de Mommsen portent sur la base de la statue de Sextus Vibius Gallus, qui reposait sur le rivage de l'ancienne Amastris, ville de Paphlagonie sur la Mer Noire. Découverte au XVe siècle par Cyriaque d'Ancône cette base a été transportée à la demande de Mommsen aux Musées impériaux, en 1894. La face principale est occupée par l'inscription dédicatoire en latin et en grec ; les faces latérales sont ornées de reliefs reproduisant les couronnes et les divers insignes qu'avait reçus Sextus Viblius Gallus (cf. Mommsen, *Corpus Inscriptionum Latinarum* II, nº 404 ; Mendel, *Catalogue des sculptures ...* III, nº 1155 ; Dessau, *Inscriptiones Latinae selectae*, 2663 ; von Domaszewski, *Die Rangordnung des römischen Heeres*, 3e édition (1980), p. 215.

Théodore Mommsen, Berlin Charlottenburg, 4 janvier 1889.

Votre Excellence,

permettra à un étranger que vous avez bien voulu honorer de votre protection de vous remercier sans intermédiaire, par voie directe. J'ai bien reçu il y a deux ou trois ans le calque de la pierre d'Islahiye[1] *et je l'ai publié alors en mentionnant comme je le devais l'envoi que je vous devais.*

M. Humann m'informe de plus que vous avez bien voulu vous occuper de la célèbre base qui, depuis quatre siècles, gît sur la plage d'Amastris. C'est le seul monument connu qui nous présente les récompenses des officiers romains figurées, les couronnes et les lances honoraires et les étandards d'honneur. Si le gouvernement accorde sa protection aux débris de l'antiquité, il y a peu de monuments dans le vaste domaine de sa Majesté, l'empereur Ottoman, qui la méritent à l'égal de celui-ci. Je veux bien espérer que grâce à vous je parviendrai à en obtenir l'estampage ou la photographie et, ce que je désire encore plus, de le savoir à l'abri dans quelque musée appartenant à la civilisation.

Théodore Mommsen, Paris, 4 mars 1889.

Monsieur,

Je suis très heureux d'apprendre par votre réponse que je reçois ici que vous voulez bien vous intéresser à la base d'Amastris, qui, en effet, est bien digne sous tous les rapports d'être sauvegardée. Mais, je tiens à vous faire savoir, ce qui peut-être n'est pas parvenu à votre connaissance, qu'elle a été depuis enlevée d'Amastris, sans doute pour être transportée en France ou en Angleterre, et, arrêtée en route par le Kaïmakam d'Inebolu, près duquel, si mes informations sont précises, elle doit se trouver actuellement. Je compte pour le bon avenir du monument sur la protection que votre Excellence veut bien lui accorder et je vous serai infiniment obligé si, l'ayant sauvé, vous voudrez m'envoyer les calques.

Théodore Mommsen, 2 mai 1895.

Votre Excellence

a bien voulu me communiquer les excellentes photographies de la base amastrienne, laquelle je suis heureux de savoir après quatre siècles d'abandon, à l'abri de l'intempérie du ciel et des injures du public et placée par vos soins dans un lieu du musée. Ces photographies seront reproduites dans la nouvelle édition du monument, que je me propose d'insérer dans le Corpus *de notre Académie. Pour ce grand service que vous nous avez rendu, agréez mes remerciements bien sincères, quoique retardés par une indisposition qui m'a réduit à une inactivité presqu'absolue pendant l'hiver passé.*

(1) Sur la pierre d'Islahiye-Nicopolis (*CIL*, III, Suppl., I, p. 1225 S n° 6703), dont Puchstein avait envoyé un estampage à Hamdi bey, cf. *supra*, chap. 7, p. 50.

CHAPITRE 9

MISSIONS DE SCHEIL ET DE CUMONT

Quatre lettres se rapportent à deux missions qu'effectua le Père Vincent Scheil (1858-1940) aux Musées Impériaux en 1892 d'abord sous le triple patronage de Théophile Homolle, de Gaston Maspero et de Jules Oppert, puis, à partir de 1894 à l'invitation de Hamdi bey. Né à Königsmark (Moselle), Scheil fut un élève de Maspero et rejoignit la mission archéologique du Caire en 1883. Il fut chargé de copier les inscriptions des tombes thébaines. Il s'orienta ensuite vers l'assyriologie et c'est à ce titre que son nom fut proposé à Hamdi bey pour la publication des tablettes assyriennes des Musées Impériaux. Après un premier séjour à Constantinople qui, apparemment, n'a laissé aucune trace, il fut, vers la fin de 1893, chargé par Hamdi bey de diriger les fouilles de Sippar (Abbu Habba) près de Bagdad et, par la suite, Hamdi bey lui confia le classement méthodique et le catalogue des antiquités chaldéennes, assyriennes et égyptiennes. Cette tâche ramena Scheil à Constantinople à plusieurs reprises. En 1895, il devint directeur d'études d'assyriologie à l'École pratique des Hautes Études, et, en 1899, Jacques de Morgan l'attacha à la mission de Suse comme assyriologue, ce qui lui valut de publier quelques textes mémorables. Il fut élu à l'Académie en 1908 et poursuivit son enseignement jusqu'en 1933.

Sur les missions effectuées par Scheil aux Musées Impériaux, on se reportera aux *CRAI* de 1896 (p. 214, séance du 17 mai) : « M. Oppert annonce la découverte importante que le R. P. Scheil, dominicain, vient de faire au Musée de Constantinople, d'une stèle en basalte du roi Nabonide (556-539). L'inscription [...] relate notamment la destruction de Ninive dont aucun document n'avait jusqu'ici parlé », et *ibid.* (p. 220, séance du 24 mai) : « M. Oppert donne lecture d'une note du R. P. Scheil relative à la découverte de l'inscription de Nabonide dont il a déjà entretenu l'Académie ». Il s'agit d'une stèle en diorite d'abord déposée à Bagdad, d'où M. Pognon en signala l'importance à Hamdi bey qui la fit transporter à Stamboul. (Stèle n° 1327 au Musée de l'ancien Orient : cf. Scheil, *Recueil de travaux*, n° 18, 1896, p. 15 sq. et Pritchard, *Ancient near East text*, 2e édition 1956, p. 307 sq.)

Une lettre est signée de Franz Cumont, né à Alost (Belgique) le 2 janvier 1868 et mort à Bruxelles, le 20 août 1947. Ce savant, spécialiste du monde romain et du monde oriental, a laissé une œuvre considérable qui débuta par son grand ouvrage sur les *Textes et monuments figurés relatifs aux mystères de Mithra* (1894 et 1899). En 1900, accompagné de son frère, il explore l'ancien royaume du Pont. En 1907, il fait un voyage en Syrie qui lui donne l'occasion de publier les *Études syriennes*. En 1921, de passage à Chicago, il examine des photographies en couleur de fresques prises par Breasted sur le site de Slahiye dominant l'Euphrate. L'intérêt porté par Cumont à cette découverte fut le point de départ des fouilles de Doura Europos menées par l'Université de Yale et l'Académie des Inscriptions et Belles-Lettres. En 1928, il publia *Les mages Hellénisés*, en 1936, *Les religions orientales dans le paganisme romain*, en 1942, *Recherches sur le symbolisme funéraire des Romains* et, *post mortem*, *Lux perpetua*.

Théophile Homolle[1], *Paris, 26 juillet 1891.*

Excellence,

Si j'ai longtemps tardé à vous écrire veuillez bien n'en pas accuser ma négligence, mais j'ai pour principe que la parole n'est faite que pour dire quelque chose et j'attendais que mes efforts eussent abouti plutôt que de vous les raconter. Le jour même de mon arrivée à Paris je me suis mis en rapport avec M. Charmes[2]*, avec M. Oppert*[3] *et mon ami Maspero*[4]*. Ils connaissent non seulement votre activité et vos triomphes archéologiques, mais aussi vos sympathies pour la France; ils ont été fort touchés du nouveau témoignage que vous voulez bien nous en donner en réservant à un savant français la publication de vos briques assyriennes et chaldéennes. Ils ont voulu répondre sans retard à vos obligeantes ouvertures et aujourd'hui, grâce au concours de l'administration et de l'École des Hautes Études tout est*

(1) Sur Théophile Homolle (1840-1922), cf. *supra*, chap. 6.

(2) Directeur de l'enseignement supérieur.

(3) Jules Oppert (1825-1903). Né à Hambourg de parents israélites, il fit ses classes dans cette ville et se fit surtout remarquer par son goût pour les mathématiques et «pour les longs calculs de l'astronomie». Après des études de droit à l'Université de Heidelberg, il se résolut à émigrer en France, l'accès de toute carrière publique étant fermée aux juifs. Il passa l'agrégation de langues et fut nommé professeur d'anglais et d'allemand au lycée de Laval en 1848. Trois ans plus tard, il fut associé à une expédition scientifique en Mésopotamie et en Médie qui marqua une étape décisive dans sa carrière. Avec enthousiasme Oppert crut retrouver le plan entier de l'antique Babylone. De retour à Paris il s'adonna aux études assyriennes qui demeurèrent son domaine propre. En 1874, il entre au Collège de France comme titulaire de la première chaire d'assyriologie. Il fut élu à l'Académie en 1881. Les trente dernières années de sa vie furent dominées par la question sumérienne, celle des peuples qui avaient précédé les Assyriens en Mésopotamie. Dans sa défense de l'identité sumérienne, Oppert se heurta au scepticisme de J. Halévy. Cette querelle isola peu à peu Oppert, l'École assyriologique française se formant sans lui.

(4) Gaston Maspero (1846-1916). Né à Paris le 23 juin 1846, de parents italiens. Études au Lycée Louis-le-Grand, puis à l'École normale supérieure (promotion de 1865). En 1869 il assure une suppléance d'égyptologie à l'École des Hautes Études et, en 1870, s'engage dans les armées françaises. A l'issue de la guerre, il se fait naturaliser. Docteur ès lettres en 1873, il est élu au Collège de France en 1874. Fin 1880, il est envoyé en Égypte et très vite succède à Mariette à la tête du Service des antiquités et du musée de Bulaq. Il publie des textes de Pépi Ier et de Merenrê, préside au transfert des momies de Deir el Bahari au musée du Caire et organise la présentation des ruines de Karnak. Élu à l'Académie des Inscriptions et Belles-Lettres en 1883, il demeure en Égypte jusqu'en 1886. Sa santé et celle de sa femme le contraignent à rentrer en France ; il occupe à plein temps sa chaire du Collège de France. Il retourne en Égypte en 1899, retrouvant son poste de directeur des antiquités. Fait baronnet par Édouard VII (Sir Gaston Maspero), il rentre définitivement en France en 1914. Il devient secrétaire perpétuel de l'Académie et meurt en séance le 30 juin 1916. Maspero a laissé une œuvre considérable s'étendant à de très vastes domaines de l'égyptologie et de l'histoire ancienne du Proche-Orient.

prêt et, au premier signal, un orientaliste qui a déjà fait ses preuves pourra se rendre à Constantinople et préparer la publication dont vous m'avez entretenu le mois dernier.

Il recevra une mission du Ministère de l'Instruction publique et ne demandera à votre administration aucune indemnité ni pour son voyage et son séjour, ni pour la publication qui sera faite en France aux frais du Ministère. Il dressera le catalogue de tous les documents que vous possédez et vous le remettra selon le désir que vous m'avez exprimé pour figurer dans le catalogue général que vous préparez.

Je me félicite, par cette heureuse et prompte solution, de pouvoir vous témoigner mieux que par des formules de politesse la reconnaissance que m'inspirent votre accueil si affectueusement cordial, votre libéralisme scientifique et la sincérité de votre attachement à notre pays [...]. J'ai réfléchi à la combinaison que vous m'avez offerte pour les fouilles de Lagina[5] *et je suis comme je vous l'ai dit tout-de-suite disposé à l'accepter. Nous mettrons à votre disposition un membre de l'École qui vous assisterait dans la direction des fouilles et vous remplacerait au besoin, au cas où vos nombreuses occupations vous obligeraient à quitter quelque temps le champ des fouilles. Il tiendrait le journal des découvertes, copierait les inscriptions et, les fouilles achevées, il en publierait les résultats. Nous lui adjoindrions au moment propice un architecte chargé des relevés et de la restauration des monuments. Je pense que pour inaugurer cette collaboration et lui donner tout son état, il serait bon de prendre un grand prix de Rome*[6]*; le talent de l'auteur, l'exposition de son œuvre à l'École des Beaux Arts et aux Champs Élysées, le rapport de l'Académie donneraient à l'œuvre un retentissement dont nous bénéficierions également vous et nous. Si vous donnez suite aux propositions que vous avez bien voulu me faire j'en saisirais sur-le-champ par un rapport l'Académie des Inscriptions. Je ne manquerai, soyez-en sûr, aucune occasion de vous faire honneur. Nous pourrons commencer quand vous voudrez; j'aurai quelqu'un à vous envoyer. Nous réglerons tous les détails de la mise à exécution des fouilles et de la publication [...]. Je ne m'étais pas trompé en vous répondant de mes voyageurs : tous les fragments qu'ils ont examinés à Lagina ont été, après photographies faites, retournés la face contre terre et recouverts de terre et de feuillage, pour les garantir de la sauvagerie des habitants. Je leur écris de vous en faire tirer des épreuves dès qu'ils pourront et leur recommande de passer à Constantinople pour vous y voir.*

Gaston Maspero[7]*, Paris, 12 août 1891.*

Excellence,

En apprenant que vous désiriez avoir un assyriologue français à qui confier le soin de copier, cataloguer et publier les tablettes assyriennes que le Musée Impérial de Constantinople possède en si grand nombre, je me suis empressé de demander à notre Ministère de l'Instruction publique l'autorisation de vous envoyer un des membres de notre mission archéologique du Caire, M. V. Scheil qui s'est déjà fait connaître par plusieurs ouvrages de grammaire et d'histoire assyriennes et qui est très versé dans le déchiffrement des caractères cunéiformes. Si vous approuvez ce choix, M. Scheil se rendra directement de Paris, où il est en ce moment, à Constantinople dans les premiers jours d'Octobre et se tiendra à votre disposition

(5) Cf. *supra*, chap. 6.
(6) Homolle avait pensé à Pontremoli : cf. *supra*, chap. 6, p. 45.
(7) Voir *supra*, la note 4.

tout le temps que vous jugerez utile de le garder. Ses copies seront publiées dans les Mémoires *de notre Mission et notre Ministère sera heureux de vous remettre cinquante exemplaires de l'ouvrage pour que vous les distribuiez à votre gré. Nous serons du reste toujours disposés à nous entendre avec vous pour régler tous les détails de la publication au mieux des intérêts du Musée Impérial, qui sont ceux de la science.*

Permettez-moi de me féliciter de trouver une occasion si heureuse d'entrer en rapports directs avec vous. Il y a longtemps que je désirais le faire et vous adresser mes compliments de vos succès. J'ai été, comme vous le savez, dans une position analogue à celle où vous êtes et je connais par expérience quelques-unes des difficultés contre lesquelles vous avez à lutter. C'est en toute sincérité que je vous félicite de la façon dont vous les avez surmontées et de la grandeur de l'œuvre que vous avez accomplie.

Gaston Maspero, Paris, 22 octobre 1891.

Excellence,

Il y avait en effet dans votre première lettre un point douteux : le temps nécessaire à mettre en état les salles de votre Musée destinées à l'Assyrie et à ses monuments. Ce temps pouvait n'être que de deux ou trois mois, auquel cas nous aurions attendu à Paris pour vous envoyer directement M. Scheil. Du moment que vous pensez n'être prêt que vers Mars ou Avril, nous enverrons d'abord M. Scheil au Caire et dans la Haute-Égypte, et nous ne vous le prêterons que lorsqu'il sera sur le point de venir à Paris; vous pourrez à ce moment le conserver aussi longtemps qu'il vous sera nécessaire.

M. Charmes vous mettra en rapport avec le Directeur de notre Mission au Caire, M. Bouriant[8] *afin que vous puissiez vous entendre directement avec ce dernier pour fixer le moment du départ de M. Scheil. Notre Ministère a été très touché de l'offre spontanée que vous avez bien voulu nous faire, et saura la reconnaître, j'en suis sûr : c'est pourquoi je désire vivement que la matière soit désormais traitée sans intermédiaire entre vous et lui. Les remerciements perdent toujours quelque chose de leur bonne grâce à passer par la plume d'une tierce personne, quand même elle est comme moi disposée à s'effacer de son mieux. Je suis si certain que vous n'aurez qu'à vous louer de vos rapports directs avec MM. Charmes et Bouriant que je souhaite les voir commencer au plus tôt, tout en restant à votre disposition si vous pensez encore avoir besoin de moi.*

(8) Urbain Bouriant (1849-1908). Né à Nevers le 11 avril 1849, il commença par faire carrière dans l'administration et fut secrétaire du Gouverneur de la Martinique. Rentré en France en 1877, il suivit les cours de Maspero et fit partie de la mission archéologique dirigée par ce savant, de 1881 à 1883. Conservateur du Musée de Boulaq de 1883 à 1886, il devint par la suite directeur de la mission archéologique de 1886 à 1898. Malade, il rentra en France et mourut le 10 juin 1903. Il publia des tombes thébaines, des textes coptes et arabes et, en 1887, le *Livre des Rois*.

Vincent Scheil, Paris, 21 août 1893.

Excellence et cher Directeur,

Je n'aurai point cette chance, je le crains, de vous voir à Paris. Le repos m'est nécessaire après une année de travail et avant une nouvelle campagne. Je pars donc ce soir en Lorraine pour quelque temps. Au moins ai-je espoir de pouvoir vous joindre quelque part, à Strasbourg ou Marseille pour le voyage de retour, s'il vous plaît de m'en avertir à mon adresse habituelle. Les journaux viennent réellement d'annoncer la prochaine ouverture de l'exposition d'art musulman au Palais de l'Industrie. Il faut vivre à Paris pour ignorer, comme moi, ce qui s'y passe.

Franz Cumont, Bruxelles, 20 janvier 1900.

Excellence,

J'ai tardé longtemps à vous remercier des assurances que vous avez bien voulu me donner et à vous adresser mes souhaits pour l'année nouvelle. Mais je tenais à pouvoir vous annoncer en même temps l'envoi de l'ouvrage sur Mithra[9] *que je désire vous offrir et l'impression de ce livre vient seulement d'être terminée. J'aurai précisément la semaine prochaine l'occasion de vous faire parvenir ces volumes par une voie sûre et j'espère qu'ils vous arriveront sans encombre.*

On m'écrit de la Légation de Belgique que le Ministère de l'Instruction publique a émis un avis favorable à ma requête. Je ne doute pas que cette décision soit due, en grande partie, à votre influence et je vous en suis très reconnaissant. Il ne reste plus maintenant qu'à obtenir l'autorisation du Grand-Vizirat et je ne doute pas que votre appui ne me soit encore ici très précieux. D'ailleurs, ma double qualité de Belge et d'archéologue n'est-elle pas une garantie contre tous les dangers politiques qu'on pourrait imaginer à ma présence en Anatolie?

(9) Cf. *supra*, p. 55.

CHAPITRE 10

MISSION DE CHAMPOISEAU À SAMOTHRACE

Charles François Noël Champoiseau (1830-1900) avait eu le bonheur de découvrir la Victoire de Samothrace et de la faire transporter au Louvre. Selon S. Reinach (*RA*, 1909, II, p. 140) il serait revenu à Samothrace seize ans plus tard en 1879, et aurait rapporté au Louvre la base de la statue en forme de proue. Cependant les lettres adressées par Champoiseau à Hamdi bey indiqueraient que cette seconde expédition eut lieu non pas en 1879, mais en 1891. De fait, les Inventaires du Louvre signalent, sous les cotes MNC 1419 à 1491 de novembre 1891, un gros arrivage de blocs provenant de Samothrace : éléments divers, inscriptions, fragments de la galère, etc. C'est à cette mission de 1891 et aux nouveaux envois de Champoiseau que font allusion les archéologues autrichiens, auteurs des *Funde aus Ephesos und Samothrake, Katalog der Antikensammlungen*, II, Vienne, 1978, p. 35. Nous apprenons par une lettre de Montebello, ambassadeur de France à Constantinople, de 1886 à 1891, que cette campagne valut à Hamdi bey d'être dénoncé auprès du sultan pour avoir accordé de trop grandes facilités à un étranger. Les archives du Ministère des Affaires étrangères au quai d'Orsay comportent un certain nombre de lettres de Montebello, assez sévères, sur l'attitude de Champoiseau au cours de cette campagne.

Charles Champoiseau[1], *Smyrne, 28 septembre 1887.*

Chère Excellence,

Fidèle à ma parole j'ai entretenu notre administration des Beaux-Arts du désir manifesté par vous de recevoir un moulage de la « Victoire de Samothrace ». Le conservateur actuel des

(1) Au terme d'une carrière consulaire qui s'était achevée à Smyrne, Champoiseau avait été mis à la retraire comme ministre plénipotentiaire.

Antiquités grecques au Louvre M. Héron de Villefosse[2]*, m'a écrit qu'il serait enchanté de trouver cette occasion de vous être agréable et allait donner ordre aux ouvriers de commencer de suite le travail de moulage. Les ailes devront nécessairement être envoyées détachées; mais vous possédez à Constantinople des ouvriers capables de les replacer. Il en est de même pour les grands plis flottants du vêtement [...].*

De votre côté, chère Excellence, j'ose espérer que vous n'avez pas oublié la bonne promesse de m'envoyer par l'intermédiaire de l'ambassade une autorisation d'explorer à nouveau le terrain d'environ soixante à quatre-vingt mètres carrés dans lequel les différents morceaux de la « Victoire » ont été trouvés, lorsque j'ai pratiqué, en vertu d'un firman régulier, les fouilles de 1863.

Charles Champoiseau, *Paris, 30 janvier 1890.*

Monsieur et cher Directeur général,

Le moulage complet de la « Victoire de Samothrace » étant parti, en sept ou huit grandes caisses, depuis plus de six semaines pour Constantinople, doit vous être certainement parvenu à l'heure actuelle. Comme nous avons mis tous nos soins tant à l'opération du moulage qu'à l'emballage et à l'expédition, j'ai tout lieu d'espérer que vous serez satisfait, ce qui pour nous est le vœu le plus cher.

Confiant dans l'aimable promesse de concours que vous avez bien voulu me faire l'été dernier à l'Ambassade Ottomane de la rue de Presbourg, j'ai demandé au Ministère de l'Instruction publique et des Beaux-Arts et obtenu une mission ayant pour but « la continuation de l'exploration du terrain dans lequel a été découverte la statue de la Victoire dite de Samothrace ». Tels sont les termes mêmes de l'arrêté ministériel.

L'île de Samothrace n'offrant aucune ressource et l'endroit où je camperai étant complètement désert, je dois, au préalable, et dès maintenant y préparer mon séjour pour les quelques semaines que je compte passer là au printemps. Mais, auparavant, je désirerais posséder l'autorisation de remuer à nouveau la terre déjà fouillée en 1863 en vertu d'un firman régulier, autorisation sans laquelle ma présence à Samothrace n'aurait pas d'objet. Et comme il est très possible que j'aille dans cette île en m'embarquant à Salonique sur un des vapeurs desservant la côte de Thrace, c'est-à-dire sans passer d'abord par Constantinople, où je ne me rendrai alors qu'après l'accomplissement de ma mission, afin de vous remercier et de vous montrer les résultats de mes travaux, je vous serais fort reconnaissant si vous vouliez bien remettre, le plus tôt possible, à mon ami M. Jaroszinsky, premier secrétaire de notre ambassade, la permission en question, qu'il se chargera de me faire parvenir. Comme vous m'avez dit que cette autorisation était toute prête, l'affaire ne présentera, je l'espère, aucune difficulté.

(2) Antoine Héron de Villefosse (1845-1919). Élève de l'École des Chartes, de 1865 à 1869. Conservateur adjoint, puis conservateur du Département des antiquités grecques et romaines au Musée du Louvre. Ses travaux ont porté principalement sur l'Italie, l'Afrique du Nord, la Gaule et, dans ce domaine propre, sur le site d'Alésia.Élu à l'Académie des Inscriptions et Belles-Lettres, le 8 février 1878.

CHAPITRE 11

PROCHE-ORIENT

Je groupe dans ce chapitre quelques lettres relatives à des sujets divers : une inscription araméenne de Zıncırlı, à laquelle se sont intéressés concuremment De Vogüé et Clermont-Ganneau, une borne milliaire du calife Abd el-Melik, les fouilles du consul Pognon en Mésopotamie, un projet de carte archéologique de la Mésopotamie conçu par J. de Morgan et des stèles himyarites du Yémen transférées aux Musées Impériaux.

Melchior de Vogüé[1], *Paris, 29 mars 1895.*

Mon cher Bey,

Je profite du départ du père Scheil pour me rappeler à votre bon souvenir et vous dire combien j'ai regretté d'être absent de Paris quand vous y êtes venu. J'aurais eu le plus grand plaisir à vous retrouver, à parler avec vous du passé, de votre père[2] *pour la mémoire duquel j'ai conservé une réelle estime, de vos belles découvertes, des soins intelligents que vous donnez au Musée de Constantinople. J'espère que vous me rendrez cette occasion en revenant un jour à Paris. Vous savez peut-être que l'Académie dont vous êtes le correspondant publie un recueil général ou « Corpus » de toutes les inscriptions sémitiques : je suis chargé d'un des volumes,*

(1) Melchior de Vogüé (1829-1916). Membre de l'Académie des Inscriptions et Belles-Lettres. Entré dans la diplomatie en 1849, sous les auspices de Tocqueville, alors ministre des affaires étrangères, il servit d'abord à Saint-Petersburg comme attaché d'ambassade. C'est là qu'il écrivit son premier mémoire archéologique sur l'orfèvrerie russe. Il donne sa démission après le coup d'État de 1851 et rentre à Paris. Il suit les cours de l'École des Chartes et témoigne d'une grande curiosité pour la présence française en Orient. En mars 1853, il part avec deux amis pour un long voyage qui devait le mener jusqu'à Jérusalem, puis, après la Syrie et la Palestine, en Égypte. Il publia un grand ouvrage sur l'*Architecture de la Syrie centrale* et de nombreux articles sur les inscriptions dans le *Journal asiatique*. Il remplaça Saulcy à la Commission du *Corpus inscriptionum Semiticarum* et se chargea de la publication des inscriptions araméennes.

(2) Ibrahim Edhem Pacha qui fut ambassadeur et Grand Vizir.

celui des textes araméens : à ce titre j'aurai besoin d'estampages ou de photographies de tous les textes de ce genre existant à votre Musée. Le P. Scheil veut bien se charger de les recueillir, mais il aura besoin de votre autorisation et vous ne la lui refuserez pas. Il m'a signalé une stèle provenant, je pense, des fouilles allemandes de Zendjirli[3]; le Musée du Louvre en désirerait un moulage en plâtre et je le verrais avec grand intérêt : aussi je vous serais très reconnaissant de le faire faire et envoyer à M. Heuzey.

Charles Clermont-Ganneau[4], *Paris, 27 février 1897.*

Monsieur le Directeur et cher confrère,

Je viens de recevoir les deux excellentes photographies de l'inscription et du bas-relief de Zendjirli[5]*, que vous avez bien voulu faire exécuter à ma demande. Je vous remercie bien vivement de l'aimable empressement avec lequel vous avez accueilli ma requête. Nous aurions aimé avoir les négatifs mêmes d'après lesquels ont été tirées ces deux épreuves. Pourrait-on les obtenir?*

(3) Cf. *supra*, chap. 7.

(4) Charles Clermont-Ganneau (1846-1923). Membre de l'Académie des Inscriptions et Belles-Lettres. Études à Paris à l'École des Hautes Études et au Collège de France où il apprend le turc, l'arabe et le persan et, auprès de Renan, l'hébreu, la critique biblique et l'épigraphie sémitique. Il passe l'examen du drogmanat des affaires étrangères et le 9 mai 1867 il est affecté au consulat de Jérusalem. Très vite il fait preuve de perspicacité en déchiffrant la grande stèle de Mésa dont il assure le transfert au Louvre. Rentré en France il est d'abord nommé à l'École des Hautes Études, puis au Collège de France dans une chaire d'épigraphie et antiquités sémitiques. Son incomparable sens du document lui permet de démasquer les faussaires les plus habiles. Il laissa une œuvre très vaste, *L'imagerie phénicienne*, où il développa une thèse audacieuse sur l'image, très en avance sur celle de ses contemporains, le *Recueil d'archéologie orientale* en huit volumes, les *Études d'archéologie orientale ...*

(5) Deux lettres de Hamdi bey à Clermont-Ganneau, conservées à la Bibliothèque de l'Institut, traitent de la même inscription :

Constantinople, 24 janvier 1897.

Monsieur,

Conformément à votre désir je m'empresse de vous adresser par ce courrier un rouleau contenant l'estampage de la stèle araméenne de Bar-Rekoub que vous désirez avoir. J'aurai l'honneur prochainement de vous faire parvenir aussi la photographie de cette même stèle.

Constantinople, 13 mars 1897.

Monsieur,

De retour de la campagne j'ai eu la lettre du 27 du mois dernier que vous m'avez fait l'honneur de m'adresser pour me demander les clichés des photographies que je vous avais envoyées dernièrement. J'ai donné les ordres nécessaires pour que ces deux clichés vous soient envoyés sans retard.

N'y a-t-il pas moyen d'avoir pour la Bibliothèque du Musée Impérial la série des fascicules parus de la Fondation Eugène Piot? J'avais écrit à ce sujet à Monsieur Heuzey qui veut bien m'honorer de sa bienveillante amitié et qui s'intéresse à cette bibliothèque, mais il ne m'a fait aucune réception.

Sur la stèle cf. *Ausgrabungen in Sendschirli*, IV, 1911, pl. 67; Clermont-Ganneau, *Recueil d'archéologie orientale*, II, 1898, par. 40; Pottier, *L'art hittite*, p. 75, pl. VII/88; Dupont-Sommer, *Les Araméens* (1949), fig. 11; Donner et Röllig, *Kananäische und aramäische Inschriften* (1971), n° 216, pl. XXXII; Orthman, *Untersuchungen zur späthethitischen Kunst*, p. 549, Zıncırlı, K 1, pl. 66/c.

Je vous serai très reconnaissant de toutes les communications de ce genre que vous voudrez bien me faire à l'occasion concernant les monuments d'épigraphie sémitique conservés dans vos précieuses collections. Estampages et photographies seront les bienvenus et je me ferai un plaisir de les transmettre en votre nom à notre compagnie qui ne saurait manquer d'en savoir très grand gré à son savant et zélé correspondant.

Charles Clermont-Ganneau, Paris, 29 septembre 1892.

Monsieur,

Permettez-moi de m'adresser à votre obligeance pour vous demander un renseignement archéologique dont j'ai grand besoin pour un travail dont je m'occupe en ce moment. En 1884 ou 1885, S.E. Reouf Pacha, gouverneur général de la Palestine a envoyé au Musée de Constantinople une borne milliaire trouvée à Khan-el-Hathroura entre Jérusalem et Jéricho[6] *et portant, gravée en vieux caractères coufiques, une inscription du calife Abd el-Mélik (du premier siècle de l'Hégire). J'ai publié dans le temps et commenté cette inscription d'après un estampage que M. Löytved*[7] *avait pris lui-même au Musée avec votre permission. Je vous envoie ci-joint un petit mémoire qui vous indiquera exactement le monument que j'ai en vue.*

Je désirerais avoir des renseignements précis sur la forme et les dimensions du monument; un petit croquis coté serait ce qui conviendrait le mieux. Je désirerais savoir notamment si la borne a un fût carré ou cylindrique (et dans ce dernier cas, quel en est le diamètre); si elle a une base; si elle est brisée en haut ou en bas etc. Excusez-moi, Monsieur, je vous prie, de mettre ainsi votre obligeance à contribution, mais j'ose espérer que vous voudrez bien me pardonner mon importunité dans l'intérêt de la science archéologique à laquelle vous avez rendu et rendez encore [...] de si éminents services.

Henri Pognon[8]*, Bagdad, 17 janvier 1895.*

Monsieur le Directeur,

Je prends la liberté de recommander à l'intention de votre Excellence une très curieuse inscription que l'on a découverte à Babylone[9] *il y a quelques mois et que j'ai vue au Sérail de*

(6) Cf. Clermont-Ganneau, *Recueil d'archéologie orientale*, I, 1898, p. 201 sq.

(7) Consul général de Danemark à Beyrouth.

(8) Henri Pognon (1853-1921). Formé par la plupart des orientalistes de renom, entre autres Clermont-Ganneau, Halévy et Oppert, il possédait plusieurs langues anciennes et modernes. En 1878 il crée l'enseignement de l'assyrien à l'École des Hautes Études. Devenu consul à Bagdad il peut étudier facilement la langue et les croyances mandaïques. « D'un caractère entier il était quoique consul le moins diplomate des hommes ». Aussi dut-il faire imprimer à Mossoul un article sur l'inscription de Raman Nera, dans lequel il pourfendait Oppert. De même sa *Lettre à M. Doumergue, président du conseil* contenait de singulières révélations. Il songeait à se retirer en Syrie quand éclata la guerre de 1914 et il mourut à Chambéry.

(9) Cf. *supra*, p. 55.

Bagdad où S.E. Hassan Refiq Pacha, Gouverneur général du vilayet, a bien voulu me la laisser étudier.

Cette inscription est de Nabonid, le dernier roi de Babylone, et, bien que le haut des colonnes manque et que plusieurs passages soient en fort mauvais état, c'est certainement une des plus intéressantes des inscriptions de Nabonid connues jusqu'à ce jour. Le texte est fort difficile, mais très curieux et il serait à désirer qu'il fût promptement publié.

Je me serais bien volontiers chargé de ce travail; malheureusement la pierre est d'un poids énorme, il faut plusieurs hommes pour la soulever et elle était placée dans une pièce obscure, ce qui rendait la lecture très difficile. Pour tirer parti d'un pareil texte, il aurait fallu placer la pierre sur une table tournante et l'étudier à loisir avec un bon éclairage ce qui m'était impossible. J'ai donc dû, à mon grand regret, me borner à prendre à la hâte, pour mon usage personnel, une copie trop imparfaite pour que je puisse la publier; mais j'ai remis à S.E. Hassan Réfiq Pacha une note qu'il enverra probablement à V. E. et qui lui permettra de reconnaître l'intérêt de cette inscription et l'utilité qu'il y aurait à la signaler aux assyriologues de passage à Constantinople.

Je profite de cette occasion pour envoyer à V. E. une brochure où j'ai fort malmené la philologie d'Oppert et l'archéologie macaronique et intrigante du Sr Heuzey. Je ne vois pas l'utilité des éreintements et n'en avais jamais commis, mais j'ai dû, dans l'intérêt de la morale scientifique, faire une exception pour ces deux vilains Immortels. Ils ne sont pas au bout de leur peine et le second surtout en verra de dures, je l'espère, dans un ou deux ans. En raison même de son ton de brutale sincérité, cette brochure a eu un certain succès parmi les assyriologues.

Henri Pognon, Bagdad, 4 avril 1895.

Monsieur le Directeur,

Je réponds avec beaucoup de retard à la lettre que votre Excellence a bien voulu m'adresser le 16 février. La localité dont j'avais parlé au P. Scheil c'est Hadésiah[10]*, site que je n'ai pas découvert car il est marqué sur toutes les cartes, mais que j'ai visité trois ou quatre fois. Hadésiah se trouve entre Samara et l'embouchure de l'Adhour sur la rive gauche du Tigre; on y voit les vestiges d'une enceinte et d'un* kasr *central de dimensions relativement exiguës et j'avais conseillé au P. Scheil, en raison des faibles crédits dont il disposait, de fouiller Hadésiah plutôt que cette gigantesque ruine d'Abou-Habba*[11] *qui exigerait des millions; Hadésiah étant sur le Tigre à quelques heures de Samara, au milieu de populations très soumises et très tranquilles, des fouilles seraient faciles et pourraient donner des résultats inattendus car toute cette région est inconnue au point de vue archéologique puisqu'entre Halà-Chargat*[12] *au Nord et Babylone au Sud, on n'a fouillé aucune localité. J'avais donc conseillé au P. Scheil de fouiller Hadésiah, mais sans lui promettre le succès, car, en somme, l'ignore complètement ce que cette localité peut renfermer [...].*

(10) Je n'ai trouvé aucune indication sur ce site.

(11) Abbu Habba, l'ancienne ville de Sippar, à environ trente kilomètres au Sud de Bagdad, fouillée par Scheil en 1895, mais pillée par Rassam.

(12) Hal'aa Chargat : en fait Qalat Chargat, l'ancienne Assur, capitale politique et religieuse de l'Assyrie.

En ce qui me concerne, je compte bien faire des fouilles un jour, non pas à Hadésiah, mais dans l'ancien pays d'Ashmounak[13] *que j'ai découvert et où des fouilles auraient un succès presque assuré. Malheureusement je ne peux pas songer à faire des fouilles étant en activité; il faudrait demander un congé et un firman et j'ai deux bons amis à Paris, MM. Oppert et Heuzey (le second surtout) qui remueraient ciel et terre pour me susciter des difficultés. Ayant vingt-cinq ou trente ans de moins qu'eux, ce qui est un immense avantage, je suis bien décidé à attendre qu'ils soient allés dans un monde meilleur. J'ai donc annoncé dans un article qui a paru il y a trois ou quatre ans, et que j'ai dû vous envoyer, la découverte que j'avais faite mais j'ai refusé de dire où était situé le pays d'Ashmounak.*

Lorsque M. Oppert sera allé converser avec Sennachérib et que M. Heuzey aura pris le parti d'aller voir dans l'autre monde comment les dames de Babylone attachaient leurs corsages, je demanderai un congé et un firman. Jusqu'à cette époque je me tiens tranquille tout en essayant de faire vaciller le plus possible ces deux immortels par mes articles. D'après les renseignements que je reçois de France et de l'étranger, il paraîtrait que, sous ce rapport, mon dernier article a eu un plein succès.

Le Vali de Bagdad m'a montré récemment un fragment de sculpture sans inscription trouvé à Babylone. Je suis peu compétent au point de vue artistique, je l'avoue, mais ce fragment ne m'a paru avoir aucun intérêt; il est en outre énorme et j'ai dit à S.E. Hassan Pacha que je ne croyais pas qu'il valût les frais du transport.

Jacques de Morgan[14], *Suse, 25 avril 1899.*

Excellence,

Bien que n'ayant pas l'honneur de vous connaître personnellement je prends la liberté de vous écrire, très désireux que je suis d'entrer en relation avec vous. Lorsque j'étais Directeur général des Antiquités de l'Égypte, les circonstances ne se prêtèrent pas à mes désirs. Mais aujourd'hui que, Délégué général du gouvernement français en Perse, j'ai sous mon autorité toutes les antiquités de cette partie de l'Asie, je tiens à ne pas tarder plus. Notre ami commun le R.P. Scheil m'a d'ailleurs fortement engagé à vous écrire. Tout le bien qu'il m'a dit de ses relations avec vous me fait espérer que désormais nous ne resterons plus étrangers l'un à l'autre.

Mes travaux en Égypte et ceux que j'ai faits en Perse de 1887 à 1891, vous montreront mieux que je ne saurais le faire dans une simple lettre combien j'estime que les études scientifiques doivent toujours être dégagées de tout intérêt matériel. Les fouilles que je dirige à Suse en ce moment sont conduites dans le même esprit. Le but scientifique seul m'intéresse et,

(13) Ashmounak est certainement l'ancien royaume d'Eschmunna dont la capitale a été retrouvée près du confluent du Diyala et du Tigre.

(14) Jacques de Morgan (1867-1924). Fils d'un ingénieur des recherches minières. Avec son père et son frère il se lance très vite dans les fouilles préhistoriques et, en 1881, il publie un premier rapport sur une fouille de tumulus dans le Jura, puis il reçoit une mission de prospection en Iran du Nord, à Suse et dans le Caucase. Il publie deux ouvrages sur l'Âge du Fer dans l'Arménie russe. Il dresse aussi une carte des rives méridionales de la Caspienne et du Kurdistan. Directeur des antiquités de l'Égypte de 1892 à 1897, il crée le musée d'Alexandrie et découvre, entre autres, le beau scribe de Saqqarah. Il retourne en Iran et dirige les fouilles de Suse, après s'être querellé avec Maspero à propos de Tello.

si parfois je désire rapporter quelques collections, c'est uniquement pour satisfaire aux exigences du parlement dont je tiens mes crédits [...]. Mon département me laissant une liberté absolue dans mes recherches, je prends sur moi de vous faire une proposition qui, si vous voulez bien l'accepter, aura des résultats scientifiques de la plus haute importance. Mes travaux en Perse étant en train et me laissant des loisirs, je ferais très volontiers la carte archéologique de la Mésopotamie, en prenant tous frais à ma charge et m'engageant formellement à vous faire parvenir toutes les antiquités découvertes au cours des recherches [...]. Ce travail tout en étant de la première nécessité pour la compréhension des textes antiques, vous serait très utile car il vous permettrait de bien connaître les sites pour lesquels fréquemment on vous demande des autorisations de fouilles. Il me suffirait à cet effet d'être autorisé à lever des plans dans les pays du Tigre et de l'Euphrate, à partir de Mossoul et de Biredjik jusqu'à la mer, de pouvoir pratiquer des fouilles sommaires dans toutes les localités dont j'aurais à retrouver le nom antique, d'être recommandé aux autorités locales et d'être accompagné par un agent du gouvernement ottoman qui aurait à me faciliter les choses et serait vis-à-vis de vous et moi responsable des antiquités trouvées. Si votre Excellence veut bien entrer dans mes vues, ce sera un grand honneur pour mes collaborateurs et pour moi, que de fixer la géographie antique de la Babylonie.

Edouard Glaser[15], *Trieste, 13 octobre 1888.*

A son Excellence Hamdy Bey, Directeur général du Musée Impérial à Constantinople.

Cher et vénéré Directeur,

Je me permets de vous communiquer que son Excellence le Vali Osman Pacha m'a autorisé à vous remettre quelques pièces à inscription ou à sculpture himyarite. Ce sont des pierres qui, sans exception, proviennent ou directement ou indirectement de mes voyages et j'ai tenu à les faire parvenir au Musée placé sous votre direction sur mes frais, depuis San'a jusqu'à Constantinople. Malheureusement mon expéditeur s'est trompé et, à ce qu'il me dit, n'a pas payé les frais d'ici à Constantinople. Votre Excellence est donc priée de me faire savoir aussitôt que possible le montant de ces frais que je ne manquerai pas de vous rembourser. Les pierres, en tout huit pièces[16]*, proviennent de Maarib; et une partie, qui de la part d'un des Valis précédents était destinée pour moi, parce qu'on me devait à moi les indications et les démarches nécessaires pour les trouver, provient du district de Aslab au Nord de San'a. Parmi ces dernières il y avait deux pierres à inscriptions absolument égales. Je me suis permis d'en retenir un texte pour moi et je compte sur le consentement de votre Excellence sous ce rapport.*

(15) Eduard Glaser (1855-1908). De nationalité autrichienne, envoyé en Arabie du Sud entre 1882 et 1894 par l'Académie de Vienne, il recueillit plus de deux mille inscriptions dont il rapporta une partie en Europe. Quelques grands musées se partagèrent ses collections d'antiquités. Il fit paraître de nombreux articles en 1887 et 1906.

(16) H. Bossert (*Altsyrien*, p. 99, n°s 1284 à 1288) mentionne cinq monuments de sculpture de Maarib au Musée de l'Orient ancien à Istanbul. A. Pasinli, l'actuel directeur des musées archéologiques d'Istanbul, ne connaît que deux fragments d'une inscription himyarite envoyés par Glaser en 1882 (Inv., n° 7515), mais me signale la présence au musée de l'ancien Orient de cinq autres pièces provenant de Maarib et envoyées du Yemen en 1889 (Inv. 7532), 1902 (Inv. 7608, 7610, 7611) et 1915 (Inv. 7639).

J'aurai le plaisir de venir à Constantinople après quelques mois. En attendant je me permets de faire part à votre Excellence que j'ai remis à son Excellence le Vali un rapport (avec croquis) sur la digue de Maarib et une carte des Machârigs du Yémen. Aussitôt que je serai dans mon pays je me mettrai à publier un livre sur mon dernier voyage, livre que je compte traduire en français ou en anglais et si je trouve assez de facilités pour ne pas subir de pertes matérielles, aussi en langue turque ou arabe. Sous ce dernier rapport tout dépend de vous et de son Excellence le Ministre de l'Instruction publique qui sont à même d'intéresser qui de droit au sujet.

CHAPITRE 12

LETTRES ADRESSÉES À HAMDI BEY PAR DIVERS SAVANTS

Henri Lechat[1], *Péra, 15 octobre 1887 (?).*

Excellence,

Votre lettre m'a causé un soulagement et un vif plaisir puisque vous m'assurez que je m'étais forgé des chimères. Je ne puis donc que regretter une protestation un peu vive contre des soupçons auxquels vous n'aviez point songé. Ç'a été l'effet d'une susceptibilité trop ombrageuse peut-être, qui, cette fois, s'était alarmée à tort. Vous avez pu en être étonné mais vous ne pouvez m'en vouloir. Car elle ne m'a pas fait oublier le respect qui vous est dû et la reconnaissance particulière que je vous ai pour votre courtoisie toujours affable. Prenez la peine de relire ma précédente lettre. Vous n'y trouverez que beaucoup de franchise et le regret sincère de voir nos relations troublées par un malentendu. Du moins je n'ai pas eu la pensée d'y mettre autre chose.

Je compte venir demain matin au Musée et j'espère avoir l'occasion de vous voir et de vous présenter mes hommages.

(1) Henri Lechat (1862-1925). Quand Lechat arrive à l'École d'Athènes le monde archéologique commence à se passionner pour les trouvailles extraordinaires faites par Cavvadias sur l'Acropole d'Athènes. Lechat s'introduit dans l'équipe de Cavvadias. De là ses œuvres maîtresses : *Au musée de l'Acropole* (1903) et *La sculpture attique avant Phidias* (1904). Durant son séjour à l'École d'Athènes Lechat fit un voyage à Constantinople, qui fut à l'origine de deux articles parus dans le *Bulletin de correspondance hellénique* de 1889. C'est sans doute à cette occasion qu'il eut quelques difficultés avec Hamdi bey, difficultés qui s'estompèrent par la suite.

Ernest Babelon[2], *Paris, 22 octobre 1889.*

Cher Monsieur,

Par ce même courrier je vous fais expédier de nouvelles empreintes en plâtre de la médaille de Mahomet II. Ces moulages sont cette fois bien enveloppés dans une boîte en bois et j'ai tout lieu de croire qu'ils vous parviendront sans accident. Quoi qu'il en soit je me félicite de l'occasion qui m'a fait entrer en relation avec vous [.....].

Heinrich von Brunn[3], *Munich, 20 juillet 1890.*

Excellence,

Je vous prie de bien vouloir me permettre que je fasse faire quelques photographies dans votre Musée. Vous connaissez sans doute le grand ouvrage que je publie sous ma direction chez l'éditeur Friedrich Bruckmann à Munich, intitulé Monuments de la sculpture grecque et romaine. *C'est pour cette publication et pour une autre en préparation, un choix des meilleurs portraits de l'Antiquité, que j'ai besoin des photographies de quelques monuments qui se trouvent au Tchinili Kieusk. J'en ajoute la liste détaillée. En cas que votre Excellence aura la bonté d'accorder ma prière, je m'adresserai aux messieurs Sébah et Joaillier pour leur donner les instructions nécessaires. Outre cela votre Excellence m'obligerait bien en me nommant le fondeur qui vend le plâtre de la belle tête en bronze de votre Musée provenant de Tarse et publiée par M. Rayet dans la* Gazette archéologique *de 1883 pl. I dont un moulage en bronze se trouve au Musée de Berlin.*

Alfred Brückner[4], *Athènes, 16 août 1890.*

Excellence,

Il y a déjà presque deux mois que j'ai eu l'honneur et le bonheur d'être conduit par votre Excellence à travers les salles du Musée Impérial ottoman et je n'ai pas encore accompli la

(2) Ernest Babelon (1854-1924). Conservateur du Cabinet des Médailles à la Bibliothèque nationale de Paris et auteur de très nombreux ouvrages de numismatique ancienne : *Inventaire de la collection Waddington* (1897), *Traité des monnaies grecques et romaines* (1901 sq.), *Mélanges numismatiques* (1892, 1893 et 1900).

(3) Heinrich von Brunn (1822-1894). Professeur d'archéologie classique à Munich à partir de 1865, il a exercé une grande influence sur le développement de l'archéologie en Allemagne. Auteur de la *Geschichte der griechischen Künstler*. Furtwängler, Milchhöfer et d'autres furent ses élèves.

(4) Alfred Brückner (1861-1906). Professeur au Prinz Heinrich Gymnasium à Berlin. Après une thèse sur les *Ornements des stèles attiques*, il fut le collaborateur de Conze pour son *Recueil des reliefs funéraires attiques*. Il fouilla au Céramique d'Athènes pour le compte de la Société archéologique d'Athènes, puis pour celui de l'Institut archéologique allemand.

promesse que j'ai donnée devant votre statue adorable de Minerve. J'ai fait un séjour de quelques semaines chez M. Humann à Smyrne et puis j'ai fait quelques voyages en Grèce ; alors votre Excellence veuille pardonner que j'ai été retardé de vous envoyer la photographie d'une statuette du Musée National d'ici qui, d'après mon souvenir, a des rapports à la statue de Leptis[5]. *Elle est publiée par M. Conze au XVIe volume de nos* Mittheilungen, *pl. 4, où vous trouverez aussi un bon dessin du profil. Une ressemblance peut être encore plus grande existe aux plis des vêtements des bas-reliefs du temple d'Athéna Niké. C'est pour moi un souvenir splendide que celui de ce chef-d'œuvre. Si votre Excellence fait faire des plâtres, je suis sûr de trouver la tête ou la statue bientôt non seulement aux musées, mais aussi dans tous les gymnases et les salons des amis de l'art antique en Allemagne.*

Ernest Chantre[6], *Lyon, 25 octobre 1892.*

Cher Monsieur et ami,

Nous espérons, ma femme et moi, que vous êtes rentré de votre expédition en parfaite santé et que vous avez été aussi heureux dans vos découvertes que dans vos voyages précédents. J'ai attendu jusqu'à présent pour vous faire l'envoi de livres que je vous avais annoncé afin qu'ils n'arrivent pas en votre absence. Je vous ai donc fait expédier hier une caisse contenant quelques-uns de mes ouvrages dont je puis disposer encore. Les uns en partie archéologiques sont pour votre bibliothèque, les autres géologiques ou paléontologiques sont destinés à celle de votre frère Halil à qui je vous prie de vouloir bien les faire parvenir. La caisse renferme aussi une partition de musique que ma femme adresse à madame Hamdy à qui elle doit écrire.

Ci-joint, ainsi que dans la caisse, la liste de cet envoi qui vous arrivera, je l'espère, directement. Il ne se passe pas de jours que nous ne parlions de votre aimable accueil, de votre charmante famille et de votre splendide Musée. Maintenant toutes nos ambitions, tous nos projets sont tournés vers la Turquie. Nous ne songeons qu'à prendre nos ailes vers votre inoubliable Bosphore dès la fin des mauvais jours. D'ici la quinzaine nous serons à Paris afin de préparer l'exécution de notre projet.

(5) On ne voit pas à quelle statue Bruckner fait allusion.

(6) Ernest Chantre (1843-1924). Témoin de l'époque héroïque de la préhistoire anatolienne. Il eut en particulier le mérite de poursuivre l'œuvre des pionniers (Texier, Barth, Mordtmann et Perrot) à Boğazköi et il fit plusieurs expéditions dans le Caucase et en Sibérie orientale. Selon les *CRAI* de 1894, p. 231 il aurait rencontré des difficultés à circuler en Anatolie centrale par suite d'une épidémie de choléra (cf. *supra*, chap. 2, p. 30). On devine d'après une lettre de Heuzey à Hamdi que Pognon, consul de France à Bagdad, était intervenu directement en faveur de Chantre, d'où l'irritation de Heuzey.

Salomon Reinach[7], *Paris, décembre 1893.*

Mon cher Bey,

La lettre de Tissot[8]*, que je vous retourne ci-incluse m'a fait grand plaisir. C'était un homme comme je n'en connais plus; toutes les fées étaient venues auprès de son berceau. Et dire que l'Empire, qui a élevé aux plus hautes fonctions diplomatiques tant de crétins, a laissé languir dans des postes inférieurs un homme de cette trempe-là ! Je comprends bien qu'il ait été aigri et que les honneurs, en lui arrivant sur le tard, ne l'aient pas consolé de sa longue obscurité. Merci aussi de ce que vous me dites d'aimable. Vous parlez de la* Revue archéologique *où vous avez lu ma chronique, mais je vous en ai envoyé ainsi qu'à M. Démosthène*[9] *: un exemplaire à part il y a un mois. J'espère que la poste ne les aura pas égarés. J'ai arrêté avec Joubin une liste de livres qui complèteraient à merveille votre bibliothèque; je pense qu'il vous aura déjà écrit à ce sujet.*

Armin Vambéry[10], *Budapest, 26 mai 1894.*

Excellence

L'amabilité avec laquelle vous avez bien voulu me recevoir m'encourage d'entrer en correspondance sur la mission que j'ai reçue de la part de mon pays concernant l'exposition millénaire[11]*. Les objets que nous cherchons à Constantinople sont ou monuments littéraires, ou objets d'art, tels que armes, bijouteries, meubles. En ce qui regarde les premiers, c'est-à-dire les manuscrits nous n'avons pas de grandes difficultés; les livres dans le Trésor du Palais Impérial de Top Kapou m'étant bien connus, nous choisirons facilement ceux qui regardent la Hongrie. La difficulté s'offrira seulement avec les objets d'art. J'amènerai avec moi un savant*

(7) Salomon Reinach (1858-1932). Membre de l'Académie des Inscriptions et Belles-Lettres. Né à Saint-Germain-en-Laye il suivit le cursus normal et devint membre de l'École française d'Athènes en 1879. Accompagnant Pottier il dirigea les fouilles de Myrina qui livrèrent un magnifique lot de figurines de terre cuite hellénistiques. Appelé à Constantinople par Tissot, ambassadeur de France, il eut l'occasion de rédiger le premier catalogue des sculptures du musée de Tchinili Kiosk. Après un séjour en Tunisie, où il exerça les fonctions de secrétaire de la commission archéologique, il fut nommé au Musée des antiquités nationales de Saint-Germain. Il laissa une œuvre considérable, s'étendant de la préhistoire à l'antiquité et au moyen-âge.

(8) Ambassadeur de France à Constantinople de 1880 à 1882.

(9) Sans doute Démosthène Baltazzi, propriétaire du domaine où fut découverte la nécropole de Myrina et compagnon de Hamdi bey à Saïda (cf. *supra*, chap. 1).

(10) Armin Vambéry (1832-1914). Turcologue, publiciste et homme politique hongrois, qui a joué un rôle de premier plan dans le développement des études turques dans son pays. Les cercles dirigeants de la monarchie austro-hongroise n'ont cependant jamais utilisé ses compétences. Vambéry s'était fait une spécialité de l'édition des textes de l'Asie centrale et de l'édition des textes de la période ottomane ancienne et avait réuni un grand nombre de manuscrits anciens à l'Académie des sciences de Budapest. Il avait aussi fait créer une chaire de turc à l'Université de Budapest.

(11) Sur le millénaire de la Hongrie, voir *Ungarn zur Zeit des Milleniums, Orienti viden Daten*, Budapest, 1896.

hongrois qui est versé dans l'art du Moyen-Âge et qui m'aidera, mais la question est toujours : où peut-on les trouver? C'est ici que je dois m'adresser à l'érudition profonde et à la bienveillance de votre Excellence et confiant à la grâce que j'ai éprouvée de la part de Feu votre père, j'espère que son noble fils aura les mêmes sentiments envers moi et qu'il m'aidera dans l'affaire qui intéresse la Hongrie et qui jouit de la haute protection de Sa Majesté Impériale le Sultan, ami de ma nation.

Les récits historiques de Solakzâde[12]*, de Peçehevi*[13]*, d'Ali Effendi*[14] *et des autres nous racontent en détail les objets emportés par Sultan Suleimann en 1526 après la conquête de la Hongrie. Les Turcs, loin de détruire ces objets ont gardé avec grand soin tout ce qui est tombé dans leurs mains et la preuve est que j'ai trouvé, entre autres, un petit livre de prière appartenant à un prêtre et ramassé sur le champ de bataille de Mohacs*[15]*. J'espère donc que nos recherches seront couronnées de succès et je me flatte d'avance que la bienveillance de Votre Excellence me rendra la plus grande assistance.*

Armin Vambéry, Budapest, 22 juin 1894.

Excellence

Permettez-moi de vous envoyer mes meilleures félicitations à l'occasion de la distinction honorifique que Sa Majesté Impériale a gracieusement conférée à Votre Excellence en vous accordant le grand cordon du Medjidie[16]*. Dans les siècles passés c'était le glaive qui revêtait d'honneur le nom des Osmanlis. Aujourd'hui sous le règne glorieux de Sa Majesté, c'est la science ottomane qui commence à répandre la splendeur sur l'Occident, et comme Votre Excellence forme l'avant garde de cette armée moderne, espérons que la grâce du Sultan accompagnera ceux qui vous suivent.*

Charles Barbier de Meynard[17]*, Paris, 30 mars 1894.*

A son Excellence Hamdy Bey,

J'ai l'honneur d'informer Votre Excellence que conformément au désir que vous m'avez exprimé, j'ai présenté à l'Académie des Inscriptions et Belles-Lettres, dans sa séance du

(12) Solakzâde Hemdemi (mort en 1068/1658) a écrit une *Histoire ottomane* (Solakzâde tarihi) où il raconte les événements de la fin du XVIe siècle et du XVIIe siècle jusqu'à 1058/1648.

(13) Ibrahim Peçehevi (mort en 1061/1651) est un Turc de Hongrie né à Peç dans le Sud du pays, d'une famille hongroise et converti à l'Islam. Il a décrit les événements qui se sont déroulés de 1520 à 1640 (mort du sultan Murad IV). Il a utilisé les sources ottomanes mais aussi des sources occidentales, surtout hongroises.

(14) Mustafa Ali Effendi de Gallipoli a traité des événements qui se sont déroulés jusqu'à Mehmed II. Une partie de son œuvre, qui s'étendait jusqu'à 1597, est encore inédite.

(15) La bataille de Mohacs (dans le Sud de la Hongrie) a eu lieu le 29 août 1526 et a vu le triomphe des troupes de Soliman le Magnifique sur celles du roi de Hongrie, qui trouva la mort dans la bataille. Cette victoire permit la conquête de la Hongrie par les Ottomans. Cf. R. Mantran *et alii*, *Histoire de l'empire ottoman*, Paris, 1989, p. 148.

(16) Décoration instituée par le Sultan Abdul Medjid.

(17) Charles Barbier de Meynard (1826-1908). Né en mer sur un navire assurant la liaison Constantinople-Marseille. Sa mère était originaire de Thérapia et son aïeul maternel avait exercé la médecine à Constantinople.

21 mars, le traité des monnaies turcomanes, texte et traduction française, par Ghalil bey. Je n'ai pas manqué de faire ressortir l'importance de ce catalogue, digne de ceux qui l'ont précédé, pour l'étude de l'histoire et de la civilisation musulmane et de signaler les services que la Science est en droit d'attendre de la savante et libérale direction du Musée Impérial de Tchinili-Kieusk. C'est un plaisir pour moi d'avoir à transmettre à Votre Excellence les remerciements de l'Académie et d'y joindre ceux de la Société Asiatique qui a reçu avec une sincère gratitude la série du catalogue de numismatique et d'œuvres d'art que vous avez bien voulu lui adresser...

Théophile Homolle[18], *12 août 1895.*

Mon cher Directeur et confrère,

J'ai appris par ces messieurs de l'École l'extrême bonté avec laquelle vous les avez accueillis, l'empressement libéral avec lequel vous leur avez ouvert les coins les plus reculés de votre Musée, mettant à leur disposition salles d'exposition et magasins, objets publiés et inédits, consentant à faire photographier pour eux tout ce qu'ils vous signalaient d'intéressant pour leurs recherches. Toutes leurs lettres sont pleines des expressions sans cesse renouvelées de leur reconnaissance et je ne veux pas tarder plus longtemps à y joindre la mienne. Au moment de quitter Constantinople, ils m'apprennent encore qu'ils partent les mains pleines de recommandations et qu'après avoir tant appris grâce à vous à Constantinople, ils vous devront encore le succès de leurs recherches en Thrace et en Macédoine.

Combien de musées d'Europe auraient à prendre de vous des leçons de libéralisme et combien peu de directeurs se font, avec votre générosité, les protecteurs affectueux, les conseillers, les collaborateurs des archéologues ! Que de mains qui se ferment et cachent la vérité pour une qui s'ouvre toute grande ! Vous m'en voudriez d'invoquer comme eux une grâce inattendue, alors qu'en réalité je n'ai cessé d'en faire l'expérience depuis que j'ai eu le plaisir d'entrer en relation scientifique et commerce d'amitié avec vous ; mais permettez-moi puisque vous m'en donnez la chance d'exprimer aussi mes remerciements. A ma lettre je joins une reproduction du bronze de Delphes[19] que vous aurez je pense plaisir à connaître.

Barbier fit ses études à Paris et tout de suite se révélèrent ses heureuses aptitudes pour les langues orientales. En 1856, il fut nommé drogman-chancelier à Jérusalem, puis attaché à la Mission de Perse, dont Gobineau était le secrétaire. Ce séjour à Téhéran marqua toute sa vie. En 1867, il succédait à Jules Mohl dans la chaire de persan au Collège de France. Membre de la Société asiatique, il a aussi consacré de nombreux travaux aux littératures arabe et turque. En 1878, il entra à l'Académie. Ce fut un éditeur de textes, doublé d'un traducteur et d'un artiste.

(18) Sur Théophile Homolle, cf. *supra*, chap. 6.

(19) La statue de l'Aurige.

CHAPITRE 13

CORRESPONDANCES DIVERSES

Richard Schöne[1], *20 février 1890.*

Excellence,

Monsieur le professeur Sussmann-Hellborn, sculpteur renommé et ancien directeur à la Manufacture Royale de porcelaine, qui aura l'honneur de vous présenter cette lettre, va visiter Constantinople pour en étudier les trésors d'art et les monuments de son passé ; en même temps il porte un intérêt tout spécial aux arts appliqués à l'industrie. Je prends la liberté de l'adresser à la bonté de Votre Excellence, en espérant que vous voudrez bien lui procurer l'occasion d'admirer les belles collections que vous avez su réunir et lui fournir les lumières dont il pourrait avoir besoin pour ses études.

Joseph Strzygowski[2], *Vienne, 19 mai 1890.*

Votre Excellence !

J'ai eu l'honneur de recevoir la très aimable lettre de Votre Excellence et j'ai reçu avec beaucoup de plaisir les photographies que V.E. a eu la bonté de m'envoyer par l'Ambassade. J'admire le noble zèle de V.E. quant au secours de mes études, parce que V.E. a bien voulu laisser faire ces photographies sans une obligation de ma part. Je serais infiniment heureux si j'aurais l'occasion de confirmer à V.E. encore une fois ma haute et sincère reconnaissance.

(1) Richard Schöne (1840-1922). Directeur général des musées royaux de Berlin de 1880 à 1906. Cf. *supra*, chap.

(2) Joseph Strzygowski (1862-1941). Né à Biala en Galicie, mort à Vienne. Professeur aux Universités de Graz et de Vienne. Auteur de très nombreux ouvrages sur les arts chrétiens byzantins et orientaux, qui ont souvent suscité la controverse.

En Russie d'où je suis rentré il y a quelques jours, j'ai entendu qu'on a trouvé dans les sanctuaires de la Ste Irène un trésor de joyaux et d'objets d'art. J'espère que V.E. a réussi de les acquérir pour le nouveau Musée Impérial, qu'il y aura dans ce cas, avec les sculptures qui se trouvent dans Tchinili Kiösk, la plus intéressante collection d'objets d'art de la bonne époque byzantine[3].

Photiadès Pacha[4], *Paris, 6 avril 1890.*

Mon cher ami,

Connaissant l'intérêt que vous prenez à tout ce qui se rattache à l'archéologie dans laquelle le nom de V.E. est si avantageusement cité je me fais un véritable plaisir de vous adresser par le courrier d'aujourd'hui les catalogues de mes monnaies grecques et byzantines dont la formation m'a coûté trente années de recherches et surtout des sacrifices pécuniaires considérables.

Colmar, Baron von der Goltz[5], *Kandilli, 25 octobre 1890.*

Chère Excellence,

J'ai l'honneur de vous retourner le Humann-Puchstein[6] *sur le Nemrud Dagh après*

(3) Je n'ai pas trouvé la trace de ce trésor.

(4) Sur les collections de monnaies grecques et de monnaies byzantines de Photiadès Pacha vendues à Paris le 19 mai et les 22 et 24 mai 1890 je renvoie purement et simplement aux préfaces que Fröhner a données aux catalogues de vente :

«Les monnaies de la Grèce propre, décrites dans cette notice, forment un ensemble que les plus grands musées de l'Europe ne sont pas parvenus à réunir encore. Son Excellence Photiadès Pacha a consacré trente ans à cette collection incomparable. Les hautes fonctions dont il était chargé, comme Ministre de Turquie à Athènes, puis successivement comme Gouverneur général de Crète et Ambassadeur à Rome, lui ont fourni des moyens et ouvert des voies que les amateurs de médailles ont rarement à leur disposition. Une connaissance approfondie de la numismatique grecque lui a permis de faire le meilleur choix parmi les trésors qui s'offraient chaque jour à ses investigations. Aussi, les pièces uniques ou inédites qui ornent sa collection sont-elles très nombreuses, et leur conservation est souvent parfaite. Son Excellence ayant manifesté le désir d'avoir un catalogue sommaire de son médaillier, j'ai accepté cette tâche agréable et intéressante, et M. Imhoof-Blumer a bien voulu me seconder dans le classement de quelques pièces difficiles.

Les monnaies reproduites par la phototypie ont été choisies par M. Hoffmann.»

«La numismatique byzantine, si importante pour l'histoire de l'empire d'Orient, est un sujet d'études très difficile et très compliqué. Trente ans se sont passés depuis l'achèvement de l'ouvrage de Sabatier; il serait temps peut-être d'en publier un nouveau, qui tînt compte des progrès réalisés et des connaissances acquises depuis cette époque. La collection Photiadès Pacha, extrêmement riche en pièces rares, et se distinguant surtout par un nombre prodigieux de monnaies inédites, devrait servir de base à celui qui se sentirait capable de rendre ce grand service à la science.»

(5) Colmar von der Goltz (1843-1916). Officier envoyé à Constantinople comme instructeur de l'armée turque en 1883, 1895, 1909-1911 et 1914-1916, General Feldmarschal en 1914. Il s'était toujours intéressé à l'archéologie.

(6) Carl Humann (cf. *supra*, chap. 3) avait fait en compagnie d'Otto Puchstein et de Felix von Luschan

l'avoir lu d'un bout à l'autre; je retiens votre propre publication[7] *car je vois avec plaisir, par la dédication que vous avez bien voulu y ajouter, que j'ai le droit de la garder. Avec mes plus vifs remerciements je vous exprime ma ferme conviction que vous êtes parfaitement dans le vrai en admettant l'hypothèse que le monument du Nemrud Dagh est une œuvre inachevée. Malgré que j'ai lu Puchstein d'abord et après votre étude, il n'y a pas de doute pour moi que votre présomption est juste et que probablement la construction du monument même a donné essor aux soupçons des Romains, chose qui, du reste est assez naturelle. Je ne manquerai pas de venir voir Votre Excellence sous peu parce que j'aimerai beaucoup causer avec vous sur le monument et l'hypothèse en question [...].*

Charles Waldstein[8], *Athènes, 8 avril 1890.*

Mon cher ami,

Je vous envoie ci-inclus des tracés de figures du temple de Thésée et d'une stèle funéraire et même une photographie de deux dalles du relief de Mantinée contenant les Muses. Ce billet ira avec le même bateau sur lequel voyageront le Duc de Saxe-Meiningen avec son épouse. Je leur ai beaucoup parlé de vous et je leur ai dit que je vous écrirai. Je vous prie d'aller les voir à l'Hôtel Royal aussitôt qu'il vous sera possible. Ils sont charmants. Je suis écrasé de travail avant de partir pour Cambridge samedi prochain. Mon adresse y est King's College Cambridge, England. Cavvadias[9] *et moi ont beaucoup parlé de vous hier. J'ai aussi vu Perrot et j'ai insisté qu'il lui fallait aller à Constantinople vous voir.*

Charles Waldstein, *Athènes, 15 février 1891.*

Mon cher ami,

C'est avec un grand plaisir que j'ai lu votre écriture et que j'ai reçu votre lettre gracieuse; mais en même temps c'était un vrai désappointement pour moi que vous ne pouvez pas me donner la joie de vous montrer de l'hospitalité ici. Il y a beaucoup ici que vous devriez voir. Eh bien ce sera pour une autre fois!

Hélas je crains qu'il me sera impossible de passer par Constantinople cette année. Je serai probablement très occupé jusqu'à la fin du mois de mars et puis il me faudra partir pour

deux voyages au Nemrud Dagh en 1882 et 1883 et avait publié le récit de ce voyage dans son ouvrage d'ensemble (Humann et Puchstein, *Reisen in Kleinasien und Nord Syrien*, 1890).

(7) *Le tumulus de Nemroud Dagh* par Osman Hamdi et Oskan Effendi, 1883.

(8) Sur Waldstein, cf. *supra*, chap. 1.

(9) Panagis Cavvadias (1850-1928). Éphore général des antiquités en 1885, secrétaire de la Société archéologique d'Athènes en 1895, il joua un rôle de premier plan dans la conduite des fouilles de l'Acropole d'Athènes et du sanctuaire d'Asclépios à Épidaure et dans l'organisation du musée national d'Athènes et celle du musée de l'Acropole. Il occupa, de 1904 à 1922, la chaire d'histoire de l'art antique à l'Université d'Athènes et fonda le *Deltion archéologique*, destiné à compléter l'*Ephimeris*.

l'Europe, et plus tard peut-être pour l'Amérique. Je fais en ce moment des fouilles à Érétrie. J'espère trouver quelque chose. Et vous, et vos sarcophages merveilleux? Je brûle d'impatience de les voir publiés. Comptez sur moi si je peux vous rendre quelque service. Tout le monde qui les a vus en est plus que charmé. Ravestein[10] *était enthousiasmé comme il l'était aussi du « découvreur ».*

M. le Dr Adler m'a écrit quant à l'exposition de Chicago. J'espère que vous pouvez lui montrer de votre bonté mais je ne veux et ne peux rien faire moi-même officiellement jusqu'à ce que le comité de l'exposition m'ait fait des propositions définitives et que je les aie acceptées.

N.B. A propos je voudrais savoir si la copie de mon livre sur Phidias *a jamais été présentée à Sa Majesté. Je crois qu'il a été envoyé au Grand Maréchal de la Cour. Sinon auriez-vous la bonté de lui présenter votre copie et je vous la remplacerai de suite?*

José-Maria von Radowitz[11], *Péra, 10 mars 1891 (?).*

Mon cher Bey,

A mon regret il me sera impossible de me rendre demain au rendez-vous arrangé avec les Montebello au Musée après le déjeuner à l'Ambassade de France, puisque S.M. désire que je lui présente dans l'après-midi l'officier chargé de remettre les chevaux envoyés par l'empereur. Mais comme je tiens beaucoup à voir les sarcophages (en tant que vous pouvez les montrer) avant de rencontrer S.M. le Sultan et avant mon départ pour Berlin fixé à lundi, je viens vous demander si vous pouvez vous trouver à cet effet au Musée, demain mardi matin à 10 ½, ou bien charger quelqu'un de m'y recevoir. J'en serai très reconnaissant.

E. de Montebello[12], *château de Stors par l'Isle Adam, 22 septembre 1891.*

Chère Excellence,

Cette lettre vous arrivera en même temps qu'une lettre officielle qui vous est adressée comme il était convenu par le Musée du Louvre. Auriez-vous la bonté de faire savoir à celui qui vous la remettra quelle est la voie qu'elle doit suivre hiérarchiquement pour vous éviter toute complication. Je crois que vous pourrez compter sur toute la bienveillance de notre monde scientifique et, dès que votre ouvrage sur vos précieuses découvertes sera paru, vous en aurez certainement des preuves. Ce que je vous dis là ressort d'une conversation que j'ai eue hier avec M. Heuzey et avec M. Perrot [...].

Je me dispenserai ici de faire des phrases de regret; elles n'atteindraient pas à la vérité. On ne passe pas cinq années de sa vie dans un pays comme le vôtre sans en emporter des souvenirs ineffaçables et je pleurerai longtemps le Bosphore ainsi que ceux qui m'y ont si bien et si affectueusement accueilli.

(10) Nom sous lequel voyageait le duc de Saxe-Meiningen.
(11) Sur J.M. von Radowitz, cf. *supra*, p. 18.
(12) Ambassadeur de France à Constantinople de 1886 à 1891.

Au-revoir, chère Excellence, soyez sûr que de loin comme de près, vous aurez en moi un ami sur lequel vous pouvez compter.

Casimir Podhovski, *Hôtel du Bazar slave, rue Nicolskaia, Moscou, 5 mars 1894.*

Cher Hamdi Bey,

Voilà bien longtemps que je n'ai eu le plaisir de vous serrer la main et d'admirer les merveilles du Musée Impérial, qui, grâce à vous et à votre amour pour l'Antiquité, possède actuellement des trésors que les plus riches musées du monde civilisé ne possèderont jamais.

Privé moi-même de la bonne chance de vous voir je saisis l'occasion de me rappeler à votre souvenir et je m'empresse de vous présenter un de mes meilleurs amis, regrettant de tout mon cœur de ne pouvoir l'accompagner à Constantinople et de vous le présenter personnellement. M. Soultanoff[13] *est un de nos académiciens les plus éminents, architecte, archéologue et homme charmant par-dessus le marché — à tous ces titres je ne doute pas du plaisir que vous aurez à faire sa connaissance et à l'aider dans ses recherches concernant l'art byzantin, qui sont le but principal du voyage qu'il entreprend en ce moment. J'espère venir vous surprendre vers la fin de l'été et, en attendant, je vous prie de donner de temps à autre un bon souvenir.*

Philippe Berger[14], *Alexandrie, 29 mars 1894.*

Excellence,

Je vous écris d'Égypte d'où je compte me rendre en Palestine et en Syrie en compagnie de mon frère Théodore Berger, l'administrateur de la Banque Impériale ottomane que vous connaissez bien, et de M. Gaston Auboyneau, secrétaire général du Comité. Nous comptons être entre le 15 et le 20 avril à Saïda, et nous nous proposons de visiter la nécropole comme elle le mérite. Je me réjouis tout particulièrement de voir de mes yeux vos belles fouilles qui ont été si fructueuses pour la science ainsi que l'emplacement du sarcophage de Tabnit, dont le Louvre vient de recevoir grâce à votre libéralité, un si beau moulage. Il m'eût été bien précieux d'y rencontrer votre Excellence et de visiter ces lieux sous votre direction. Mais puisque nous devons renoncer à cet espoir, je vous serais reconnaissant de vouloir bien donner des instructions télégraphiques pour que nous puissions mettre à profit, sans perte de temps, notre trop rapide passage, pour voir aussi complètement que possible la nécropole et les ruines de Saïda [...].

J'ai quitté mercredi dernier M. Heuzey, qui m'a chargé pour vous de ses plus affectueux messages et j'ai réjoui l'Académie en lui annonçant que j'allais visiter votre nécropole.

(13) Nicolas Vladimiroviç Soultanov, né en 1850, ingénieur civil, nommé en 1889 directeur de l'Institut des ingénieurs civils. Il traduisit *L'art russe* de Viollet le Duc, s'occupa de la reconstruction de plusieurs monuments historiques et bâtit plusieurs églises ainsi que le monument de l'empereur Alexandre au Kremlin.

(14) Sur Philippe Berger, cf. *supra*, p. 13.

Georges Perrot[15], *Paris, 4 avril 1898.*

Cher confrère et ami,

J'ai été très touché de l'empressement avec lequel vous m'avez télégraphié pour me dire que vous partageriez le plaisir que j'aurais eu à vous voir. Il me faut hélas ! renoncer encore cette fois à cette espérance. L'an dernier c'est la guerre turco-grecque qui nous a arrêtés au moment du départ; cette fois c'est une perte de famille. Nous enterrerons après-demain un neveu que nous aimions beaucoup et nous ne pouvons songer à quitter les siens au lendemain des obsèques. Nous aurions dû, dernier délai, nous embarquer jeudi avec l'Orénoque, et c'était impossible, Mektoub !

Donc, cher confrère, à une autre fois, je n'ose pas dire à l'année prochaine, car je suis guéri de la vanité des projets. Quand vous aurez le temps dites-moi si vous avez reçu le premier fascicule de mon tome VII.

Paul Cambon[16], *Ambassade de France à Londres, 9 janvier 1902.*

Très cher Hamdi bey,

Vos vœux m'ont bien touchés et je vous envoie les miens avec mes meilleurs souvenirs pour vous et pour tous les vôtres. Je pense souvent à vous, à votre maison hospitalière, à ce Bosphore tout bleu que je suivais en allant vous voir et que ne remplacent pas pour moi les eaux jaunes de la Tamise. Vous étiez l'une de mes plus agréables relations à Constantinople, et bien souvent, dans les moments de préoccupations j'allais chercher chez vous un peu de délassement et de gaîté. Il est probable que mon successeur n'a pas eu l'occasion de faire votre connaissance, car c'est un homme d'esprit et il eût sûrement apprécié le charme de votre compagnie s'il avait pu vous connaître.

Friedrich Sarre[17], *Berlin, Deutsche Orient-Gesellschaft, 29 juillet 1904.*

Excellence,

J'ai l'honneur de vous annoncer que le tableau que vous avez bien voulu céder à notre société est arrivé ici en bon état. Nous nous félicitons d'être possesseurs de cette œuvre d'art qui réunit tant de qualités et nous sommes sûrs que le monde artistique de Berlin s'intéressera beaucoup à cette nouvelle acquisition qui a été tant admirée à Paris. Malheureusement l'admission d'objets d'art à l'Exposition actuelle de Berlin qui sera fermée en peu de temps n'est plus possible.

(15) Sur Georges Perrot, cf. *supra*, p. 13.
(16) Sur Paul Cambon, cf. *supra*, p. 32.
(17) Friedrich Sarre (1865-1946). Spécialiste des arts islamiques et organisateur des collections de Munich et de Berlin.

Mme Jacquemart-André[18], *Péra Palace, Constantinople, sans date.*

Mon cher Hamdy bey,

Me voici à Constantinople et je ne vous ai pas encore vu ! En arrivant je me suis hâtée de vous demander. Hélas, vous n'étiez pas ici. Nous partons jeudi et je voudrais tant profiter un peu de vous. Voulez-vous nous faire le grand plaisir de dîner à 8 h. mardi avec nous au Péra Palace. J'ai été au Musée sans vous. Combien vous avez travaillé ! Comme il s'est enrichi ! Il deviendra un des plus beaux du monde avec le temps. J'écris près d'Ismail qui est enthousiasmé de tout ce que vous avez fait. Il dit qu'on devrait vous élever une statue.

Démétrios Bikelas[19], *Paris, sans date.*

Que devez-vous penser de moi, mon cher bey ! Et par mon silence je vous ai donné le droit de penser tout le mal possible du voyageur ingrat et oublieux qui, de retour dans son pays, n'a pas encore songé à vous remercier de la charmante hospitalité qu'il a eu le bonheur de trouver sous votre toit et de vous dire combien il lui est doux d'en conserver le souvenir. Je vous ferais rire si je vous disais la vraie raison de ce retard. Je désirais vous annoncer, en même temps, l'envoi à Madame Hamdi, d'un peu de ce miel grec dont je lui vantais le parfum. A peine arrivé ici j'en avais commandé à Naxos qui, sur ce chapitre, rivalise avec le Mont Hymette, mais le miel n'arrivait pas, et tous les jours je me disais à demain ! Vous en recevrez un de ces jours par l'entremise de notre excellent consul général. Madame Hamdi saura qu'il vient de la part de son serviteur dévoué. Veuillez lui dire mes hommages les plus respectueux et lui dire que je me rappelle souvent les si agréables soirées de Kuru Tchechme.

Aurai-je le plaisir de vous voir ici cet hiver ainsi que vous m'en donnez l'espoir? Je le souhaite bien. A moins de circonstances imprévues, je compte rester encore auprès de ma mère deux mois encore ou même plus avant de rentrer à Paris. Reinach doit y être rentré depuis quelques jours. Nous nous sommes séparés à Patras après avoir fait une charmante excursion à Olympie. Nous la referons ensemble si vous vous décidez à venir en Grèce pendant que j'y suis.

(18) Mme Jacquemart-André, qui a légué, en 1912, à l'Institut de France les collections réunies par son mari et par elle-même dans leur hôtel du boulevard Hausmann, devenu le Musée Jacquemart-André.

(19) Démétrios Bikélas (1835-1908). Né à Syra, il vécut quelques années en Russie, puis en Angleterre et en France et enfin à Athènes. Homme d'affaires passionné de littérature grecque et de civilisation byzantine.

F. Cormon, Paris, sans date.

Cher monsieur,

Vous m'avez dans le temps demandé un professeur pour votre Académie. Je vous adresse un de mes élèves, M. Schultz, né et habitant à Constantinople. C'est un garçon intelligent et qui commence à bien connaître son affaire. Je crois qu'il pourra vous être fort utile. En même temps qu'à vous je l'adresse et le fais recommander à M. Devaux.

Je ne vous ai pas vu depuis deux ans. Je ne suis pas retourné chez vous et je pense que de votre côté vous n'êtes pas venu à Paris, car j'espère bien que dans ce cas vous seriez venu me voir. N'oubliez pas si les circonstances vous ramènent ici que vous serez le très bien venu. Je vous recommande particulièrement mon jeune élève. Je serais très aise que vous vous l'attachiez et que vous lui fassiez les meilleures conditions possibles.

CHAPITRE 14

LETTRES ADRESSÉES À HAMDI BEY PAR GÉRÔME, BOULANGER ET BARRIAS, SES ANCIENS PROFESSEURS À L'ÉCOLE DES BEAUX-ARTS

« Hamdi bey vint à Paris en 1857 pour y étudier le droit. Mais il était artiste dans l'âme et ... voulait être peintre. Son éducation se fit dans les ateliers de Boulanger et de Gérôme, dont il imita avec le dessin élégant et correct la touche un peu molle. Hamdi a peint toute sa vie ... mais valait mieux que sa peinture léchée ; il ne lui manquait que de se laisser aller à sa facilité native, de peindre avec le brio dont témoignent ses esquisses». (S. Reinach, Notice sur Hamdi bey, *Revue archéologique*, 1910, I, p. 408).

Jean-Léon Gérôme[1], *Cannes, 23 janvier 1891.*

Mon cher Hamdi, je ne vous ai pas encore remercié du très beau moulage que vous m'avez envoyé par l'entremise de M. Guinet et dont je vous suis très reconnaissant. Excusez cette lettre tardive, c'est que dans ces derniers temps ma vie de travailleur a été compliquée de mille choses

(1) Jean-Léon Gérôme (1824-1904), fils d'un orfèvre prospère de Vesoul qui l'envoie étudier la peinture à Paris dans l'atelier de Delaroche. Il devient rapidement le favori de son maître, qu'il accompagne à Rome, en 1843, quand Delaroche eut cédé son atelier au peintre suisse Gieyre. Après avoir passé un an à Rome, Gérôme revient à Paris, échoue au concours des prix de Rome, mais expose au salon de 1847 ses Jeunes gens faisant battre un coq, qui lui valent l'enthousiasme de Théophile Gautier. En 1864 il devient professeur à l'École des Beaux-Arts où il eut plus de deux mille élèves dont beaucoup d'étrangers, surtout américains, mais aussi un Finlandais, un Turc (Hamdi bey) et un Grec. Dans les années 70 il figure sur toute liste des plus grand peintres de l'époque. Sa renommée commence à fléchir lorsque le réalisme se démode, et elle tombe complètement quand les promoteurs de la cause impressioniste en font leur bête noire. Il a survécu à la mode qui avait son style réaliste à l'honneur, mais adopta une attitude très réactionnaire vis-à-vis des jeunes artistes (cf. G. Ackermann, *La vie et l'œuvre de Jean-Léon Gérôme*, p. 168 sq.).

et de plus le malheur a fondu sur moi. C'est de Cannes que je vous écris ; j'y suis venu voir mon fils très malade et je crains une catastrophe prochaine : n'avoir qu'un fils et le perdre à vingt-cinq ans c'est bien dur !

Je m'intéresse d'autant plus à vos découvertes que je m'occupe beaucoup de la coloration des sculptures et que vous en avez mis au jour de nombreux exemples en bon état de conservation. Quand la figure de Tanagra que vous avez vue à votre dernier voyage a été peinte, elle a gagné cent pour cent et cette tentative a été bien accueillie par la majorité des peintres et sculpteurs. Quelques routiniers ont protesté c'est une preuve de plus en faveur de cette tentative : aussi, encouragé par ce succès, je continue mes expériences et je viens de terminer le modèle d'une statue de Bellone[2]*, grande comme nature qui sera exécutée en toutes matières : les nus en ivoire, les draperies en argent et en or patinés de diverses couleurs avec des nielles etc., tout ce que je pourrai mettre, tout en gardant une certaine discrétion pour arriver à une vraie démonstration. Cette tentative réussira-t-elle ? Je l'espère et mettrai tout en œuvre pour mener ce travail complexe à bonne fin.*

Je verrai avec bien de l'intérêt votre publication des sarcophages et j'espère y trouver des planches coloriées qui renseigneront vraiment sur l'emploi de la couleur dans la sculpture décorative, et je serais bien désireux aussi d'aller à Constantinople pour juger la chose d'après les objets. Mais je me fais vieux et puis j'ai trop de fils à la patte et me vois cloué, moi si nomade jadis, à la maison.

Jean-Léon Gérôme, *Paris, 10 avril 1891.*

Mon cher Hamdy,

Vous serez bien aimable de m'envoyer l'adresse de la personne qui m'a fait parvenir par votre entremise les terres colorées que j'ai fait broyer et essayer avec tous les réactifs chimiques et qui ont parfaitement résisté excepté la terre verte de Berlin. Il s'ensuit donc que les terres feront d'excellentes couleurs inaltérables. Le chimiste qui s'est chargé de ces opérations et à qui je suis redevable de ces renseignements, voudrait bien en demander une certaine quantité à titre d'essai pour commencer ; plus tard on verra s'il y a lieu d'entreprendre les choses plus en grand. Ces couleurs sont très belles, j'en ai quelques tubes et après essai, j'en suis très content.

Jean-Léon Gérôme, *Paris, 21 juillet 1893.*

Mon cher ami, il y a bien longtemps que je ne vous ai écrit et je suis bien en retard avec vous : excusez-moi ; c'est que la vie est compliquée et on nous met à toutes les sauces : comme nous devenons vieux, nos épaules se refusent à porter de trop lourds fardeaux... Certes je m'intéresse comme vous le dites à vos travaux archéologiques puisque moi-même, dans des œuvres modernes j'ai essayé de remettre en honneur les traditions antiques au point de vue des

(2) Statue achevée et exposée en 1892. La première sculpture polychrome de Gérôme avait été, en 1884, le groupe de *Pygmalion et Galatée*.

colorations du marbre et des patines du bronze. Je voudrais ressusciter la sculpture polychrome qui est essentiellement décorative, mais j'ai essuyé bien des déboires pour avoir voulu braver la sainte routine et mes confrères les sculpteurs m'ont pris en aversion et en horreur, ce qui m'est d'ailleurs égal et je ne m'attendais pas à tant d'honneur. A l'apparition de mes essais ils ont poussé des cris de chacals; vous avez dû les entendre de Constantinople.

Je voudrais bien voir le grand sarcophage dit d'Alexandre[3] *avec ses couleurs conservées et je suis bien heureux d'apprendre que ces colorations ne s'altèrent pas au contact de l'air. Évidemment, ce monument d'après ce que vous me dites doit bien renseigner sur la polychromie des Grecs et montrer quels effets inattendus et considérables on peut obtenir avec la couleur et la forme combinées. Cela tombe d'ailleurs sous le plus simple bon sens, car si tout, dans la nature a une forme, tout a aussi une couleur.*

J'ai vu mon confrère Heuzey qui, plus heureux que moi, est allé vous faire visite. Il m'a parlé du bon accueil que vous lui avez fait et dont il a été charmé et aussi de vos bonnes intentions à l'égard de la France, ce que je savais avant lui. Il a été enchanté de vous et de votre Musée et, comme il savait que j'aillais prochainement vous écrire, il m'a chargé de tous ses compliments pour vous.

Jean-Léon Gérôme, *Paris, 9 novembre 1893.*

Mon cher Hamdy,

J'ai eu la visite de M. Galib effendi qui m'a remis votre carte exprimant le désir d'entrer à mon atelier de l'École des Beaux-Arts, ce que j'aurais accordé avec beaucoup de plaisir si la chose eût été en mon pouvoir. Il y a malheureusement un règlement qui interdit aux jeunes gens d'entrer dans les ateliers quand ces jeunes gens ont plus de trente ans. Il y a deux ou trois ans ce règlement ne touchait pas les étrangers et ils pouvaient suivre les cours passé cet âge. Mais on a reconnu combien il était anormal de favoriser les étrangers plus que les nationaux et le Conseil Supérieur de l'École est revenu sur cette décision en abrogeant cet article du règlement et en mettant les Français sur le même pied que les étrangers. Il m'a fallu cette raison capitale pour ne pas me rendre de suite à votre désir car je serai toujours heureux de vous être agréable dans la personne de vos compatriotes. D'ailleurs, j'ai dit à M. Galib que ma porte lui serait toujours ouverte et que mes conseils lui étaient acquis toutes les fois qu'il viendrait me les demander.

Jean-Léon Gérôme, *Paris, 5 décembre 1894.*

Mon cher ami,

Un de mes élèves, M. Chaffanel ne trouvant pas ici l'emploi de son talent se décide à s'expatrier et sur mes conseils, il se rend à Constantinople. Il est décidé à tout faire pour

(3) Sur le sarcophage «d'Alexandre» au musée d'Istanbul, cf. *supra*, p. 12.

arriver à un résultat et j'ai naturellement pensé à lui donner pour vous une lettre de recommandation. Peut-être avec votre appui pourra-t-il trouver à utiliser son savoir, son intelligence et sa bonne volonté. Dans tous les cas, je vous le recommande chaudement car c'est un jeune artiste tout-à-fait digne d'intérêt.

Jean-Léon Gérôme, *Paris, 27 juin 1895.*

Mon cher Hamdy,

Un de mes élèves, M. Thibeaudeau, part pour Constantinople, où il va séjourner quelque temps chez un de ses amis qui est un de ses camarades d'atelier, Galib bey. Je lui donne ces quelques lignes d'introduction auprès de vous avec prière de vouloir bien l'accueillir avec votre bienveillance accoutumée. Depuis bien longtemps je n'ai pas eu de vos nouvelles et j'espère que votre santé ne laisse rien à désirer. Moi, je vieillis tranquillement sans douleur et en philosophe.

Jean-Léon Gérôme, *Paris, 4 août 1895.*

Mon cher Hamdy

Mon gendre Morot et ma fille partent pour Constantinople et tout naturellement je leur donne une introduction auprès de vous et ce serait presque vous faire injure si je ne vous les recommandais pas. Je pense qu'ils resteront au moins deux mois parmi vous et je leur porte envie. Mais, me direz-vous, pourquoi ne pas les accompagner? Pourquoi? Parce que je suis vieux, sénile et ramolli et que je n'ai plus qu'à me préparer au long voyage d'où l'on ne revient pas.

Merci de la bonne lettre que vous m'avez écrite, merci aussi de tout ce que vous faites pour les jeunes gens que je patronne auprès de vous. Une chose que je regrette fort c'est de ne pas voir votre Musée dont j'ai avant-goût par les photographies des cénotaphes colorés que vous m'avez jadis fait voir. En édifiant cette collection unique et qui par la suite doit devenir considérable, vous avez rendu aux arts les services les plus grands et je suis de ceux qui l'apprécient car on pourra dire de vous : perenne exegit monumentum.

Jean-Léon Gérôme, *Paris, 21 février 1896.*

Mon cher Hamdy,

Un de mes élèves, M. Jules Garnier, jeune homme de beaucoup de talent me prie de lui donner une lettre d'introduction auprès de vous, car il part pour Constantinople et il a appris toutes vos bontés par un de ses camarades. Je le fais d'autant plus volontiers que vous n'aurez qu'à vous féliciter de vos rapports avec lui. Je regrette de ne pas emporter une lettre de moi me recommandant moi-même, mais pas moyen. Cloué ici je ne puis que vous envoyer de loin en loin mes cordiales salutations en vous exprimant l'espoir d'aller vous rendre visite quelque jour... Je vieillis, mes cheveux sont blancs comme la neige de l'Olympe.

Gustave Boulanger[4], *Paris, sans date.*

Mon cher ami,

Je viens de recevoir votre bonne et charmante lettre. Vous êtes le plus aimable des hommes et si je n'ai pas encore profité de vos invitations si gracieuses, c'est que cela m'a été de toute impossibilité! On ne fait pas, hélas! ce que l'on veut en ce triste monde; des nécessités de toutes sortes vous obligent toujours de prendre un autre chemin que celui désiré; et je crains bien qu'au printemps prochain il en soit toujours de même. D'ailleurs le projet de Gérôme est très vague et rien ne me dit qu'il puisse le mettre à exécution. Pour moi j'ai tant de choses à faire, tant de tableaux en retard que je ne vois plus le moyen de me payer même le plus charmant de tous les voyages. Je travaille comme un cheval car il est temps de penser à faire sa fortune et la mienne n'est pas très avancée. A ce propos on m'a demandé pour le Sultan le tableau que vous avez vu au Palais — une femme arabe et un cheval —; je n'ai pas reçu de réponse encore et ne sais où en est cette affaire. Quant à l'autre tableau que vous me dites être aussi chez le Sultan, je ne sais absolument pas ce que ça peut être. Tâchez donc de le voir et de me dire ce qu'il en est.

Et vous quand viendrez-vous nous dire un petit bonjour ici à Paris? Quand vous serez ambassadeur et cela peut venir bientôt au train où vous allez, ce dont je vous fais mon bien sincère compliment : je vous affirme que votre avancement a été pour moi une vraie joie.

Félix Joseph Barrias[5], *Paris, 18 juillet 1895.*

Mon cher collègue en art,

La chère amie Madame Debourska me dit qu'au prononcé de mon nom vous vous êtes souvenu; merci! Je suis très heureux, je me suis souvenu aussi du «petit Turc», pardonnez ce retour en arrière. C'était le bon temps. Notre cher Gustave[6] *vivait alors, Hamon aussi. Hélas! tous disparus! Mais je ne vous écris pas pour vous attrister, Dieu m'en garde! je veux vous dire au contraire que je me suis empressé de me conformer à votre désir d'avoir une idée de mes*

(4) Gustave Boulanger (1824-1888). Collègue de Gérôme à l'École des Beaux-Arts, il défendit cette École et la Villa Médicis contre leurs détracteurs et s'efforça, sans succès, d'enrayer la vague de l'impressionisme.

(5) Félix-Joseph Barrias (1822-1907). Fils d'un miniaturiste et peintre sur porcelaine, Grand prix de Rome en 1844. Ce fut un des représentants les plus féconds et les plus marqués de la peinture académique. Le nombre de ses élèves s'éleva à plus de quatre cents.

(6) Gustave Boulanger : voir *supra*, la note 4.

travaux. J'ai fait quelques épreuves des clichés que j'avais. Je les ai mis sous enveloppe et vous les envoie. J'ai indiqué le titre par-derrière et à peu près l'époque du salon [...]. Madame Debourska m'a dit que votre pays est bien beau. Vous ne savez pas qu'il y a quelques vingt ans, je ne sais plus quel personnage est entré en négociation pour me faire agréer comme Peintre du Sultan d'alors. J'ai regretté sur le moment, mais l'amour du pays m'a consolé. Depuis j'ai vu l'Espagne, un peu le Maroc, un peu l'Afrique française. Je suis vieux. Il paraît qu'avec nos bons amis vous avez bu à ma santé, je vous le rends de tout cœur. Dites à Madame Debourska et à son mari que maintenant ils boiront à la vôtre et que je m'y associerai de grand cœur. Vous avez contribué à leur donner un peu de bonheur par votre aimable intimité. Ils le méritaient à tous égards. Qui sait si un jour nous ne serons pas réunis? Ce sera un grand plaisir alors.

Je suis allé chez Gérôme pour lui donner de vos nouvelles; il n'est pas à Paris. Dès qu'il sera de retour, je lui parlerai de vous.

CHAPITRE 15

HONNEURS DÉCERNÉS À HAMDI BEY

Hamdi bey reçut au cours de sa longue direction un grand nombre de titres académiques et de décorations étrangères. Il fut, entre autres, membre du Royal Institute of British architects ; docteur des Universités d'Aberdeen et d'Oxford ; membre ordinaire de l'Institut archéologique allemand ; membre correspondant de la Société berlinoise d'anthropologie d'ethnologie et de préhistoire ; correspondant étranger de l'Académie des Inscriptions et Belles-Lettres. L'empereur Guillaume II l'avait remercié personnellement de l'envoi de *La Nécropole royale à Sidon* et le président de la République française lui avait conféré la croix de Commandeur de la Légion d'honneur.

George Aitchison[1], *Londres, 1*^{er} *avril 1891.*

Votre Excellence,

J'ai eu l'honneur de vous envoyer un de mes discours sur l'architecture byzantine dans lequel j'ai parlé de vous et de vos mosaïques, de votre jardin sur le Bosphore. Nous avons à Londres un Institut royal des architectes britanniques[2] *dans lequel sont inscrits quelques-uns des hommes distingués de tous les pays, et quand je dis distingués, je parle des architectes archéologiques et des directeurs des Beaux-Arts ; un total de 50. Je puis citer en France*

(1) George Aitchison (1825-1910). Né à Londres ; son père était architecte. Il fit ses études à l'École de l'Académie royale, puis à l'Université de Londres. Il entreprit ensuite une longue tournée en Europe et rencontra des artistes qui l'influencèrent et le stimulèrent à la fois. En 1877, il devint professeur à l'Académie royale et, de 1896 à 1899, il présida le Royal Institute of British architects et reçut, en 1896, la médaille des architectes. Tout en occupant des fonctions officielles il se passionna surtout pour l'architecture du futur.

(2) Fondé en 1834, le Royal Institute of British architects avait succédé à diverses sociétés. Très vite il avait pris une réelle importance, publiant des traductions, des *Proceedings* et un *Journal*. Il semble qu'il ait joué un rôle décisif dans l'organisation de la profession.

M. Daby, M. Choisy, le Marquis de Vogüé, le chevalier Stucas des Pays-Bas, le sénateur Fiorelli en Italie, Don M. Belinas en Espagne et le feu Dr Schliemann. Nous les appelons « les membres correspondants honoraires ». J'ai pensé qu'il serait à votre gré d'être inscrit; alors si vous voulez avoir la bonté d'écrire votre nom dans le papier enclos et de me dire vos titres précis; je mettrai le papier devant le conseil du RIBA pour votre élection et le secrétaire vous enverra le diplôme.

Si vous voulez avoir la bonté de me dire le titre de votre livre sur les sarcophages de Sidon et aussi du livre sur l'architecture turque je vous serais très reconnaissant.

William H. White, 23rd June 1891.

Sir,

I have the honour to inform you that, at a General Meeting of the Royal Institute of British Architects, held on Monday the 8th instant you were elected as Honorary Corresponding Member of the Royal Institute; and that your Certificate of Membership was signed and sealed at a Meeting of the Council held yesterday. I have forwarded the Certificate by bookpost and 16 numbers of the Journal of Proceedings for the current session by parcel post. Henceforth a number of the journal will be posted to you on the day of issue, and the annual Volume of Transactions every October.

I am,
Sir,
your obedient Servant,

William H. White, Secretary.

D. H. Thom, Aberdeen, Marischal College, 8th August 1904.

Sir,

I send herewith, per Book Post, your LLD Diploma from the University of Aberdeen. Please acknowledge receipt, an oblige,
Your obedient Servant,

D.H. Thom.

Alexandre Conze[3], Archaeologisches Institut, Berlin, den 3 mai 1892.

Euer Excellenz,

Hat die Central Direction des Kaiserlich Deutschen Archaeologischen Instituts in ihrer Plenar-Versammlung beschlossen zum Ordentlichen Mitgliede des Instituts zu ernennen, um

(3) Sur Conze cf. *supra*, chap. 3, p. 36.

so auch ihreseits der Anerkennung der Verdienste, welche Euer Excellenz selbst unter vielfach schwierigen Verhältnissen in der archaeologischen Wissenschaft Sich ervorben haben einen Ausdruck zu geben.

Indem ich die sonst übliche Vorfrage, ob Euer Excellenz diese Ernennung anzunehmen geneigt seien, durch eine private Anfrage des Herrn Humann und die Antwort Euer Excellenz, welche Herr Humann dem ergebenst Unterzeichneten mitgetheilt hat als bereits erledigt ansehe, erlaube ich mir das Diplom hierbei zu übersenden und Euer Excellenz um ein Zeichen des Empfanges zu bitten.

Berliner Gesellschaft, für Anthropologie, Ethnologie und Urgeschichte, Berlin, den 21ten Juli 1894.

Hierdurch benachrichtigen wir Sie, hochgeehrter Herr, das die Berliner Gesellschaft für Anthropologie, Ethnologie und Urgeschichte in ihrer Sitzung vom 21ten Juli 1894 Sie zu ihrem correspondirenden Mitgliede ernannt hat. Wir hoffen dass Sie diese Ernennung annehmen und die Interessen unserer Gesellschaft in Ihrem Kreise befördern werden. Das Diplom wird Ihnen alsbald zugehen.

Rudolf Virchow, Vorsitzender.

Léon Heuzey[4], Paris, 23 décembre 1893.

Mon cher ami,

Je crois que vous serez satisfait d'être tenu au courant de ce qui se passe ici d'intéressant pour vous. A la suite de la présentation de votre nouvelle livraison, l'Académie se trouvant dans des dispositions très favorables, j'ai été nommé membre de la commission chargée de former les listes de correspondants étrangers, et ce choix était de très bon augure pour nos espérances, tout le monde sachant fort bien que vous étiez mon candidat. En effet, à la réunion de la commission qui a eu lieu hier, j'ai présenté vos titres et j'ai obtenu que vous fussiez placé en tête de l'une des trois listes, ce qui est un gage presque assuré de succès. Vendredi prochain aura lieu la discussion devant toute l'Académie; j'y exposerai de nouveau plus complètement tout ce que vous avez fait pour nos études, pour nos fouilles, pour nos musées et ensuite aura lieu l'élection. D'après toutes les assurances que j'ai recueillies d'avance de mes amis et je dois le dire d'après les dispositions générales, je crois que nous pouvons concevoir les meilleures espérances. Évidemment il n'y a jamais certitude avant la chose faite; mais, si nous réussissons, comme je l'espère beaucoup, je vous adresserai tout de suite un télégramme ainsi conçu : «Félicitons pour résultat obtenu».

Pour éviter tout conflit, je m'étais entendu d'avance avec Maspero qui a très bien résumé, comme secrétaire de la commission, mon rapport verbal. L'ambassadeur aussi appuie nos efforts. Vous voyez que ce sont des conditions particulièrement heureuses pour le succès.

(4) Sur Heuzey, cf. *supra*, chap. 2, p. 35.

Léon Heuzey, Paris, 25 janvier 1894.

Mon cher ami,

Comme je vous avais donné tous les détails sur ces séances préparatoires de votre élection, je n'ai que peu de choses à ajouter aux félicitations de mon télégramme. Vous pensez bien que nous en avons éprouvé, dans mon entourage immédiat, une joie presqu'égale à votre légitime satisfaction. Nous sommes désolés seulement que cette bonne nouvelle ne vous ai pas garanti contre la maudite influenza ...

Votre succès a été très brillant et remarqué comme tel. A peine quelques voix s'égarant sur d'autres noms, cela n'est pas commun; car presque toujours il faut revenir au scrutin deux ou trois années de suite. C'est que l'Académie était infiniment touchée de tout ce que vous faites dans l'intérêt de nos travaux; ajoutez vos belles livraisons venant périodiquement rappeler votre souvenir, puis votre présence cet été et vos quelques paroles qui ont enlevé tous les cœurs ! Je n'ai eu qu'à rappeler tout cela en trois mots dans l'exposition de vos titres et la bataille était gagnée d'avance ! La seule diplomatie a été de tenir à l'écart, en les faisant ajourner, deux ou trois noms qui auraient pu diviser les suffrages ...

Vous ne me dites pas si la lance de bronze est enfin à Constantinople. Je voudrais bien pouvoir relever complètement l'inscription qui s'y trouve gravée et la présenter à notre Académie comme je m'y suis engagé lors de ma précédente lecture. Il serait aussi bien utile de retrouver dans les anciennes caisses de Tello, le petit éclat manquant à la Stèle des Vautours dont je vous ai remis le moulage partiel. J'en ai dit deux mots à Joubin[5]*, le priant de vous rappeler en temps utile cette petite mais très intéressante recherche. Pour le vase d'argent*[6] *c'est une question qui est mon cher ami tout entière entre vos mains. Ne vous défendez pas de vous exprimer nos désirs, nos rêves, si vous voulez. Si ce sont des illusions elles m'encouragent et m'entretiennent dans mon travail, qui n'est pas précisément facile par ces courtes et obscures journées d'hiver.*

M. de Sarzec, avant son départ, m'a tout spécialement chargé de l'excuser auprès de vous s'il n'a pas pu passer par Constantinople; mais il était en retard et d'un autre côté, Mme *de Sarzec ne peut pas supporter la voie de terre par Alep ou Palmyre. Dans ces conditions il a dû prendre la ligne de Suez et d'Aden avec raccordement sur le Golfe Persique. Par les affreuses mers qui nous sont signalées depuis un mois, je crains qu'il ne trouve aussi par là bien des fatigues et des retards [...].*

Berlin, den 13 December 1898.

Seine Majestät der deutsche Kaiser und König von Preussen, mein allergnädigster Herr, haben aus den Händen des Herrn Oberhofmeisters Ihrer Majestät der Kaiserin und Königin

(5) André Joubin, né en 1868. Membre de l'École française d'Athènes, de 1889 à 1892, il accompagna Joseph Chamonard à Lagina (cf. *supra*, chap. 6, p. 45). Il fut ensuite pour quelques temps détaché auprès des musées impériaux et composa un *Catalogue des sculptures grecques, romaines, byzantines et franques de Tchinili Kiosk* en 1893 et un *Catalogue des monuments funéraires*. Son successeur fut, en 1904, Gustave Mendel.

(6) Sur le vase d'Entéména cf. *supra*, chap. 2.

Freiherrn von Mirbach das dieses für Allerhöchstdieselben von Eur. Hochwohlgeboren übergebene Exemplar Ihres Werkes « Une nécropole royale à Sidon » mit grossen Interesse entgegenzunehmen geruht und Sich über die geliegene Ausführung dieser Arbeit gefreut. Seine Majestät haben Sich dabei gern der grossen Verdienste erinnert, welche Eur. Hochwohlgeboren Sich bereits um die Wissenschaft invielfacher Weise erworben haben, und es lebhaft bedauert, dass es Allerhöchstihre Zeit bei der jüngsten Anwesenheit in Constantinopel nicht gestattete, die interessanten Schätze Ihres Museums in Augenschein zu nehmen [...].

Der Geheime Kabinets-Rath

Lucanus

Paul Cambon[7], *Ambassade de France près la Porte Ottomane, Thérapia, 10 août 1892.*

Excellence,

J'ai l'honneur de vous annoncer que le Président de la République a bien voulu, sur ma proposition, vous conférer la Croix de Commandeur de la Légion d'honneur.

En me laissant le soin de transmettre à Votre Excellence le brevet et les insignes de son grade dans notre Ordre national, le Ministre des Affaires étrangères me fournit l'occasion de dire à votre Excellence en quelle estime je tiens ses patients et laborieux efforts. Dirigé par la passion artistique la plus éclairée, ils ont réussi à créer à Constantinople un Musée merveilleux et ils continueront à mettre au jour, un grand profit de l'histoire, de la science et de l'art les richesses archéologiques que contient encore le sol de l'Empire Ottoman.

(7) Sur le rôle de Paul Cambon, cf. *supra*, chap. 2, p. 32.

INDEX GÉNÉRAL

(Les chiffres en caractères gras renvoient aux auteurs de lettres).

TABLE DES MATIÈRES

IMPRIMERIE A. BONTEMPS
LIMOGES (FRANCE)
N° imprimeur : 22-89
Dépôt légal : Septembre 1990